全国学前教育专业
"十三五"规划教材

U0665982

创意
美术案例集

◎ 张庆华 侯昱宇 主编

◎ 薛娟 李埃 陈静 副主编

人民邮电出版社

北京

图书在版编目（ＣＩＰ）数据

创意美术案例集 / 张庆华，侯昱宇主编. -- 北京：
人民邮电出版社，2019.1（2024.1重印）
全国学前教育专业"十三五"规划教材
ISBN 978-7-115-49403-0

Ⅰ．①创… Ⅱ．①张… ②侯… Ⅲ．①学前教育－美
术教育－幼儿师范学校－教材 Ⅳ．①G613.6

中国版本图书馆CIP数据核字(2018)第216808号

内 容 提 要

本书共分 4 章，第 1 章讲解了美术基础知识，包括基础形状的认知、基本美术构成、色彩的基础知识；第 2 章为创意美术应用，包括工具与应用和百变材料；第 3 章是本书的重点，共讲解了拓印画、超轻黏土画、树叶画、石头画等 21 种创意美术形式，每种形式分别给出了大、中、小班的案例，便于教学；第 4 章为幼儿作品欣赏，呈现了众多幼儿的精彩创意美术作品。

本书既可作为本科院校、职业院校学前教育专业的教材，也可作为在职幼儿园教师美术课的参考用书，还可作为家长指导幼儿学习创意美术的参考资料。

◆ 主　　编　张庆华　侯昱宇
　 副主编　薛　娟　李　瑛　陈　静
　 责任编辑　古显义
　 责任印制　马振武
◆ 人民邮电出版社出版发行　北京市丰台区成寿寺路 11 号
　 邮编　100164　电子邮件　315@ptpress.com.cn
　 网址　https://www.ptpress.com.cn
　 涿州市般润文化传播有限公司印刷
◆ 开本：700×1000　1/16
　 印张：9.25　　　　　　　　　2019 年 1 月第 1 版
　 字数：141 千字　　　　　　2024 年 1 月河北第 5 次印刷

定价：39.80 元
读者服务热线：(010)81055256　印装质量热线：(010)81055316
反盗版热线：(010)81055315
广告经营许可证：京东市监广登字 20170147 号

编者的话

　　"蜜桃老师"作为一个在国内多家出版机构出版过益智、认知、游戏类畅销少儿图书的作者团队，其中不乏从事幼教工作的老师。因此，"蜜桃老师"对编制此类创意美术的图书具有丰富的实战经验。

　　创意美术是体现幼儿独特想法和开阔幼儿思维的极佳方式。在一定规则范围内，创意美术没有刻板的要求，可以让幼儿不拘泥于材料的限制，尽情地表达自己的想法。创意美术没有专业的绘画形式划分，可以运用多种美术形式进行表达。创意美术注重培养幼儿的兴趣，通过趣味的方式让幼儿学习更多的知识，使幼儿的空间立体感和想象力得到应有的训练，为今后学习平面、立体几何等知识做好准备。

　　本书在介绍美术基础知识、创意美术工具与材料的基础上，针对幼儿创意美术教学，精心选取了21个创意美术形式，如拓印画、超轻黏土画、树叶画、拼贴画、石头画、纽扣画、滴溅画等，并针对大、中、小班幼儿给出不同的案例，以便于操作和教学。

本书由"蜜桃老师"策划，由重庆青年职业技术学院张庆华、重庆应用技术职业学院侯昱宇任主编，由聊城幼儿师范学校薛娟、成都市第十二幼儿园李瑛、成都市第六幼儿园陈静任副主编。

学习与教育的路途永无止境，若大家结伴而行，这条路会走得长远而有趣！

目 录 C O N T E N T S

幼儿创意美术教学

3

4

幼儿作品欣赏

第1章
美术基础知识

1.1 基础形状的认知

形状的世界

幼儿在日常生活中，不可避免地会接触到多姿多彩的形状。我们可以用几何图形的知识来解决幼儿有关形状的问题。常见的形状有以下几种。

平面图形：三角形、四边形、多边形、圆形等都是平面图形。

立体图形：长方体、正方体、球、圆柱、圆锥、棱柱、棱锥等都是立体图形。

三视图：从正面、上面、侧面三个不同方向观察一个物体。

1.1.1 最常见的基础形状

圆形

一个动点以一个定点（圆心）为中心，以一定的长度为距离，旋转一周所形成的封闭曲线称为圆。

三角形

由三条线段首尾顺次连接而成的封闭图形称为三角形。

方形

两组邻边相等，且四个夹角为直角的四边形组成的图形叫方形。

菱形

　　菱形是特殊的平行四边形。有一组邻边相等的平行四边形称为菱形。

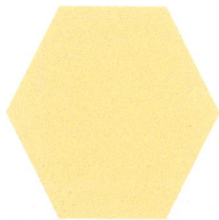

多边形

　　由三条或三条以上的线段首尾顺次连接所组成的平面图形叫作多边形。左图所示为六边形。

梯形

　　梯形指只有一组对边平行的四边形。梯形的上下两边平行。左图所示为等腰梯形，等腰梯形的对角线长度相等。

弓形

　　由弦及其所对的弧组成的图形叫作弓形。弓形是最简单的组合图形。

扇形

　　扇形是圆的一部分，是由一条圆弧和这条圆弧两端的两条半径所围成的图形。

1.1.2　形状的进化

任何一个复杂的形状都是由一些基本的形状组合而成的。我们要先认识构成图案的基本形状，同时在运动变换的观点下，体会空间的点、线、面、体之间的关系。运用切割法、添补法等将基础形状进行移动、修改、叠加、重复、对称，完成形状的变化。

1.2 基本美术构成

美术构成

"构成"是一种造型概念，其含义是将不同形态的几个单元重新组合构成一个新的单元。美术的三大构成是指平面构成、色彩构成、立体构成，这是现代艺术设计基础的重要组成部分。

通过对构成的学习，教师可以培养幼儿在设计工作中必须具有的抽象思维能力、空间立体思维能力、色彩构成思维能力、工艺手工制作能力、对形式美法则的灵活应用能力、色彩综合运用能力、对点线面的综合运用能力……

1.2.1 点、线、面、体

在常见的艺术作品中，我们都能见到美术三大构成的存在。平面构成是三大构成中的基础，是理性与感性相结合的产物。立体构成是以点、线、面、对称、肌理为基础的研究空间立体形态的学科，也是研究立体造型各元素的构成法则。色彩构成与平面构成及立体构成有着不可分割的关系，色彩不能脱离形体、空间、位置、面积、肌理等独立存在。

点

点从几何概念来说，只有位置，没有长度与宽度，也没有形象与面积。而从平面构成的角度讲，点有大小，也有形象。

线

线是点移动的轨迹。在几何学定义中，线只有位置、长度，而不具有宽度和厚度。从平面构成的角度讲，线既有长度，也有具体的宽度和厚度。

面

面是线连续移动形成的，面有长度、宽度，没有厚度。直线平行移动形成长方形；直线旋转移动形成圆形；直线和弧线结合运动形成不规则的图形。

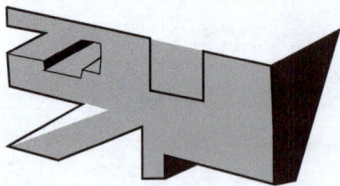

体

点动成线，线动成面，面动成体。立体图形是由一个或多个面围成的三维图形。

1.2.2　构图的技巧

对称式构图：
　　对称式构图具有平衡、稳定、呼应的特点。

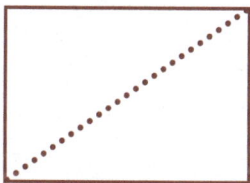

对角线构图：
　　给构图添加动态的张力，让图像看起来更活泼。

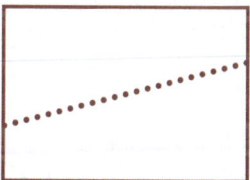

空间原则构图：
　　在某一方向留出大量空间，使图像富有动感。

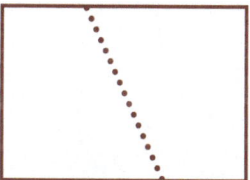

利用空白空间构图：
　　使图像主题鲜明，且具有吸引力，可创造出一种极简的画面。

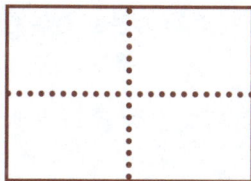

方形构图：
　　使图像的稳定性和均衡性更好，可增加图像的张力和表现力。

并列构图：
　　是一种非常有力量的构图方式，并列结构之间形成鲜明的对比。

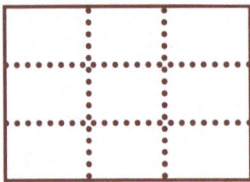

三分法构图：

　　是最常见、最基本的构图方法之一。这种构图表现力强，画面简练。

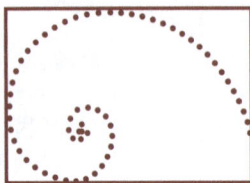

黄金比例构图：

　　是以黄金比例为基础的自然结构设计方法，既实用又美观。

1.3　色彩的基础知识

斑斓色彩

　　我们之所以能看见五彩缤纷的物体，是因为有光线照在物体上。光是色彩之源。

　　了解色彩的基本知识，掌握色彩的变化规律和运用色彩造型的基本方法，有利于幼儿塑造更加充实、丰富的美术作品。

　　色彩是一门必须学习、研究和掌握的专业艺术语言。

1.3.1　原色和间色

三原色：不能用其他颜色调配出来的红、黄、蓝三种色彩。

间色：红、黄、蓝三原色两两相加而生成的色彩，如橙、绿、紫。

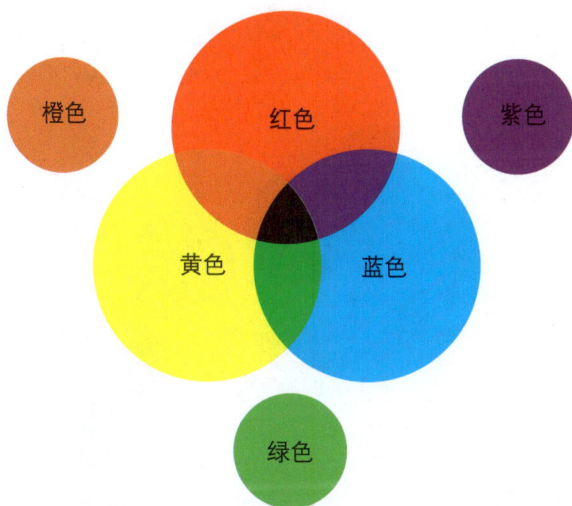

橙色　红色　紫色

黄色　蓝色

绿色

1.3.2　色相环

色相环一般以五种、六种或八种色相为主要色相，若再加上各主要色相的中间色相，就可形成十色相、十二色相或二十四色相等的色相环。

井然有序的色相环能让使用的人清楚地看出色彩调和后的结果。

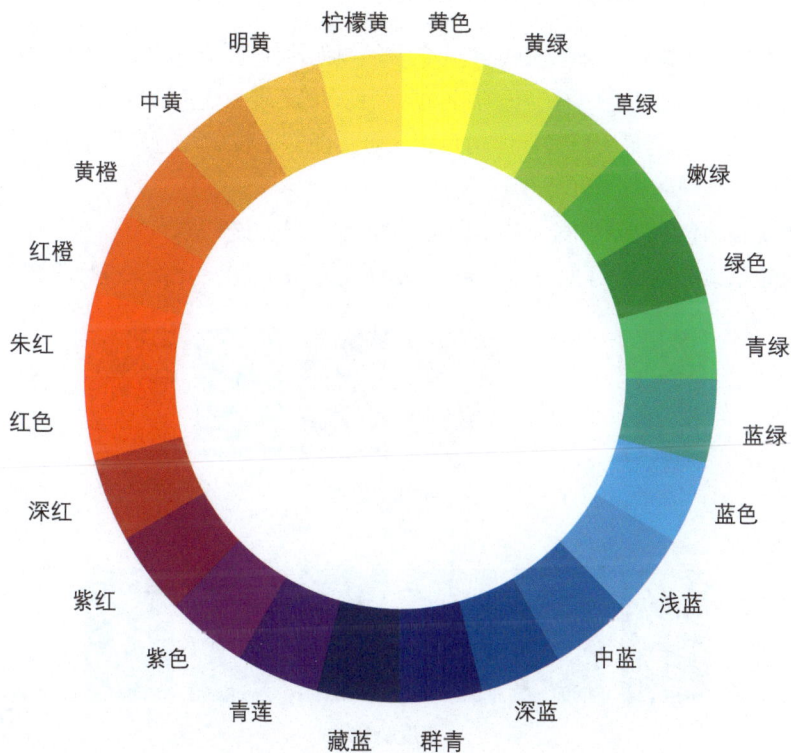

明黄　柠檬黄　黄色　黄绿
中黄　　　　　　　　草绿
黄橙　　　　　　　　　嫩绿
红橙　　　　　　　　　绿色
朱红　　　　　　　　　青绿
红色　　　　　　　　　蓝绿
深红　　　　　　　　　蓝色
紫红　　　　　　　　　浅蓝
紫色　　　　　　　　中蓝
青莲　　　　　　　深蓝
藏蓝　群青

1.3.3　消色

消色（无彩色）指黑、白、灰三种颜色。从白到黑的一系列中性灰色，只有亮度的差别，没有色调和饱和度的特征。

1.3.4　色彩三要素

无彩色以外的颜色称为有彩色。有彩色系的颜色具有三个基本特性，即色相、明度、纯度（也称彩度、饱和度）。在色彩学上也称为色彩的三要素或色彩的三属性。

色相是有彩色的最大特征。所谓色相，是指能够比较确切地表示某种颜色色别的名称。

明度是指颜色的明暗程度，它可以通过增加黑、白、灰来进行调整。

纯度是指颜色的纯净程度，它是通过改变复合其中的颜色的比例来进行调整的。

色相变化

明度变化

纯度变化

1.3.5 色彩运用技巧

同色系搭配:搭配协调,应注意色彩深浅浓淡的变化。

对比色搭配:色彩对比强烈、视觉冲击力比较大。

类似色搭配:对比不明显,不刺眼,整幅画面显得和谐、统一。

第2章
创意美术应用

2.1　工具与应用

工具准备

常言道，"工欲善其事，必先利其器。"

完成一张新颖、独特、有创意的美术作品，需要借助许多辅助工具，如尺子、铅笔、橡皮、纸张、美工刀、刀片、擦笔、剪刀、胶水、乳胶、棉签、水彩纸、毛笔、油画笔、水胶带、色粉颜料、水彩颜料、碟子等。

2.1.1　常用基本工具

蜡笔

蜡笔可有数十种颜色，它是幼儿学习色彩画的理想工具。

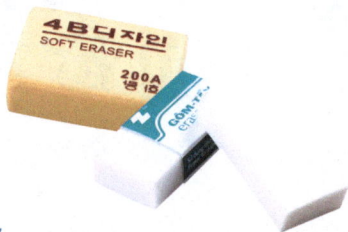

橡皮

橡皮可以擦去铅笔痕迹，修改错字，现在有些橡皮还可以擦去钢笔痕迹。

彩色铅笔

彩色铅笔是一种非常容易掌握的涂色工具。其颜色多种多样，画出来的颜色较淡，但效果清新，大多可被橡皮擦去。

画纸

画纸指专门用铅笔画素描的纸，纸质薄、硬，表面粗糙，适合表现铅笔画的质感和层次，是最常用的素描用纸。

棉签

棉签吸水性强，可用来涂各种颜料。

胶或胶水

各种不同的胶或胶水可用于不同材质材料的固定。

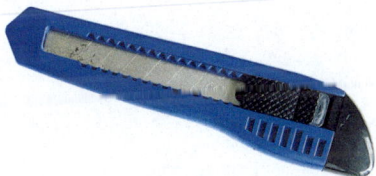

美工刀

美工刀主要用于切割，正常使用时，通常只使用刀尖部分。雕饰、打点也是其比较主要的功能。

剪刀

剪刀是一种裁剪物件的工具，有双刀刃，它常用于裁剪布料、纸及其他材质的材料。

碟子

碟子可用来装各种材料。

画笔

画笔用于勾勒线条，塑造形体的结构，也用于调颜色，以及分染、罩染等渲染技法。

2.1.2　同种工具在不同材质上的表现效果

彩色铅笔在不同材质上的效果

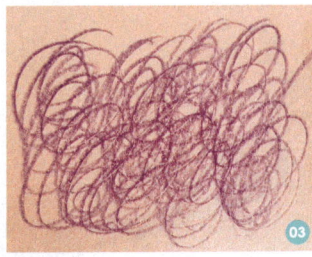

水彩笔在不同材质上的效果

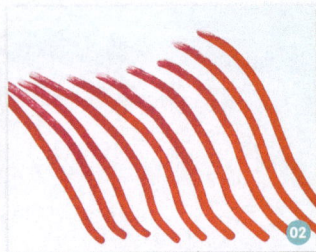

水彩颜料在不同材质上的效果

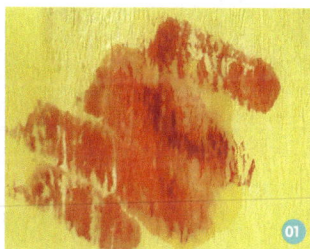
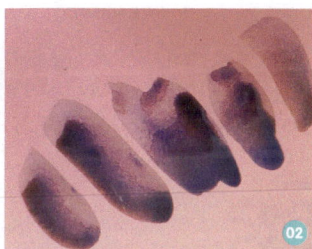

油画棒在不同材质上的效果

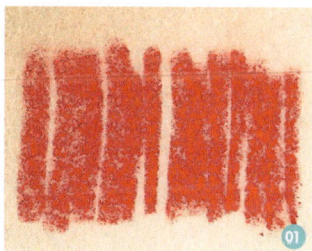

2.1.3　各种纹样、纹理与图形的组合应用

用不同色彩的蜡笔画出不同纹样的图例

用蜡笔与水彩笔画出不同纹样的图例

用水彩笔与油画棒画出不同纹样的图例

用水彩笔、油画棒、水彩颜料画出不同纹样的图例

用水彩笔在绿色不织布上画出不同纹样的图例

2.2 百变材料

2.2.1 创意材料介绍

超轻黏土

  超轻黏土是纸黏土的一种，捏塑起来更容易、手感更舒适，更适合造型，是一种新型、环保、无毒、可自然风干的手工造型材料。

树叶

  采集带有叶柄的各种形状和颜色的叶子，可做成树叶画。

石头

大自然中有许多形态、颜色各异的石头。只要仔细挑选，总能选到满意的石头，用来组合成艺术作品。

纽扣

生活中有各种花样的纽扣，将它们积累下来，做成工艺品，摆放在家也可作为装饰。

彩色不织布

在许多文具用品店中，我们可以买到各种彩色不织布。彩色不织布材质轻软、色泽亮丽，用来做各种粘贴或手工都很不错。

皱纹纸

皱纹纸坚韧而有弹性，颜色鲜艳，非常适合用于手工制作。

棉签、纸杯、纸盘

日用品中的棉签、纸杯、纸盘随处可见，价格便宜，可用来创作手工作品。

木棍

各种不同式样的木棍、木柴，可以供创作者发挥想象，做成手工作品。

蔬菜、坚果

我们吃的辣椒、小白菜等常见的蔬菜或各种水果，都可以用来创作手工作品。

盐

自从一位日本艺术家发明了盐画，盐不再只是生活中食用的盐，它也成了艺术创作的材料。

毛线团、丝带

用于编织的毛线或丝带，一样可以用作创意手工的材料，关键在于如何发挥与组合。

彩砂

彩砂具有耐磨、防水、防腐、无毒、无味、色调柔和、立体感强、黏结力强、色彩绚丽等特点，可用于手工制作。

2.2.2　创意材料的基本应用

创意材料种类繁多，我们可以不拘泥于材料、工具的限制任意组合，使创意美术的表现形式丰富多彩。图例如下。

用蜡笔、水彩笔或油画棒等绘画工具在挑选好的石头上涂上颜色，一幅生动的海洋作品就完成了。

在一张黑卡纸上，用蜡笔或油画棒画出星空的轨迹。用剪刀将彩色不织布剪成星球的形状，再用皱纹纸装饰星球及星空，一幅漆黑外太空的作品就完成了。

挑选好各式纽扣，用胶水粘贴成蘑菇头的形状和花朵的形状，再用各种颜色的水彩笔画出蘑菇柄和花枝叶。

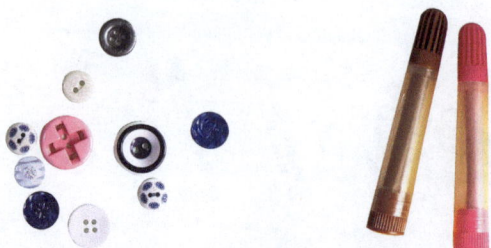

　　用水彩笔在白纸上画上帆、小船、海浪，将纸粘贴在白色的纸盘上，将棕色卡纸折成桅杆，再将不织布剪成丝带状，装饰在纸盘上。一张小帆船作品就完成了。

将几种彩砂叠加装在许愿瓶中，系上红毛线，吊起来。搭配用卷纸、毛线、水彩笔做成的娃娃，使房间充满温馨的气息。

利用蔬菜纹理，用蔬菜蘸上各色水粉颜料画出花朵、树冠，再画出枝叶、树干等，两幅好看的装饰画就完成了。

　　将坚果的壳做成各式各样的小船，在壳里填上超轻黏土，用水彩笔在白卡纸片剪成的帆或冀上画上颜色，形状各样的水上交通工具手工作品就完成了。

第3章
幼儿创意美术教学

3.1 拓印画

趣味性十足的拓印画，可以更大地提升幼儿对创意美术的兴趣。

绘画前的思考

　　在第一次课程中，我们应尽量让幼儿将一幅作品轻松制作出来，让幼儿产生成就感，使他们对创意美术课程产生兴趣。

　　学习最基础的拓印画制作是开启幼儿艺术大门的第一步。注重创意思维的拓印画，不同于传统美术单纯的图形模拟，既能培养幼儿手脑并用的能力，又能提升幼儿的审美情趣，让幼儿在玩耍中得到乐趣。

工具的准备

可以针对不同的画，选择不同的工具。大块面涂色可以使用大块百洁布来进行。

颜料

剪刀

拓印刷

毛笔 铅笔 百洁布

分班教学思路

　　根据大、中、小班幼儿年龄段的不同，选择不同的图形，是本次课程的关键。图形的选择要符合幼儿的审美情趣，也要符合幼儿的理解能力。

小班创意图形设计

　　气球是常见的基础图形，可以安排小班的幼儿学习、创作。

中班创意图形设计

　　极受幼儿喜爱的恐龙图形，十分适合中班幼儿学习、创作。

大班创意图形设计

　　清爽的郊外度假小屋，能训练大班幼儿的构图与搭配技巧。

拓印画制作技巧

平涂

交叉涂

圈涂

 **彩色气球**

画彩色气球最重要的工具是百洁布，作画时可将百洁布剪成圆球。

在白纸上拓印出红色圆点，看起来像大小各异的气球。

在白纸上拓印出绿色的大小各异的气球。

用棕黑色颜料画出一条条细线，表示拴气球的线。

对初次画拓印画的幼儿来说，气球是最好画的，只要仔细看看这些步骤就明白了！

完成图

看，
各色气球高高飞扬在天空！

中班 史前动物——恐龙

剪刀是我们完成这幅恐龙画的关键工具。

01

用水彩笔在白纸上画出一只恐龙的轮廓。

02

翻到纸的背面，用百洁布将颜料随意地涂满整张纸。

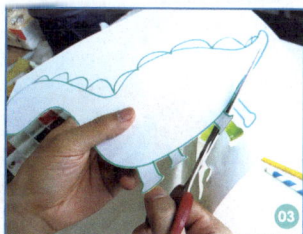

03

翻到有恐龙的那面，用剪刀沿边线剪出恐龙的形状。

中班小朋友在涂颜料时，要注意尽量涂均匀，这样剪出的恐龙看起来才好看！

04

将剪下的"恐龙"贴在一张红色的不织布上。

完成图

看！在白云的衬托下，一只悠闲的恐龙在绿草地上行走！

大班 我的家园

完成"我的家园"最重要的工具是百洁布,利用百洁布的不同角度擦出家园的样子!

01 在调色盘中挤一点红色颜料,用百洁布擦出圆形的红房顶。

02 再挤出奶黄色颜料,擦出完整的屋子,蘑菇状的房子就建好了。

03 用绿色颜料擦出屋子旁大树的外形。

04 用绿色颜料擦出屋前的树丛。擦时注意要擦出机理的效果。

05 用棕色颜料擦出屋旁大树的树干、树枝。

06 用棕色颜料擦出树丛前的木栅栏、小屋的窗户及门前的小径。

大班幼儿可以自由发挥，创作出更复杂、美丽的拓印画！

完成图

看，
红顶的蘑菇小屋是我的家，
在葱郁的树丛掩映下，
一条幽静的小路通向我的家！

3.2　超轻黏土画

趣味性十足的超轻黏土画，可以更大地提升幼儿对创意美术的兴趣。

绘画前的思考

超轻黏土是纸黏土的一种，也称超轻土，是一种新型的环保、无毒、可自然风干的手工造型材料。

它具有以下特点：超轻、超柔、干净、不黏手、不易留残渣；颜色多样，混色容易，易操作；作品无须烘烤，可自然风干，干燥后不会出现裂纹；与其他材质的结合度高，干燥定型后，可用水彩、油彩、亚克力颜料、指甲油等上色，有很高的包容性。

工具的准备

选择工具时，可以针对不同的画选用不同的塑形刀形状，对黏土进行修正塑形。

超轻黏土

塑形刀（一）

塑形刀（二）

铅笔

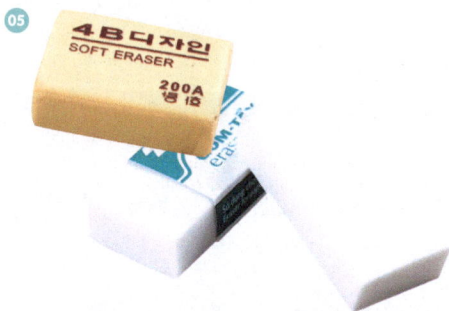

橡皮擦

分班教学思路

根据大、中、小班幼儿年龄段的不同，选择不同的图形，是本次课程的关键。图形的选择要符合幼儿的审美情趣，也要符合幼儿的理解能力。

小班创意图形设计

饼干是常见的基础图形，可以安排小班幼儿学习、创作。

中班创意图形设计

极受幼儿喜爱的蘑菇图形，十分适合中班幼儿学习、创作。

大班创意图形设计

海底世界的鱼类，能训练大班幼儿的构图与色彩搭配技巧，同时还能发挥他们的想象力。

超轻黏土画制作技巧

搓泥  混色

造型  组合图案

小班　可口的饼干

制作可口的饼干最重要的是黏土的色彩搭配问题，饼干色泽要好看、鲜亮，让人有食欲。

01	02	03
选择两种色彩接近的黏土，搓成圆柱状后，绞在一起。	用力压扁，形成一个带花纹的饼干。	选择其他鲜艳色彩的黏土搓成小点，装饰在饼干上。

对练习黏土画的小班幼儿来说，饼干是最好做的，可以任意发挥，怎么好看怎么搭配。

完成图

看，好看又可口的饼干完成了！

幼儿也可以选择其他色彩的黏土，做出其他颜色的饼干！

中班　森林里的蘑菇

塑形刀对造型起着至关重要的作用。

用手将几种不同颜色的黏土搓成蘑菇、草丛等形状。

将蘑菇杆和各色蘑菇组合起来。

给蘑菇的伞盖上加上各色小圆点。

中班幼儿可用手将黏土搓成想要的形状，对其手脑的协调是大有帮助的。

完成图

雨过天晴，森林里的蘑菇多起来了，五颜六色的真好看，我们也来当一次采蘑菇的小朋友吧！

大班　鱼的梦想

要制作各种颜色的鱼，黏土的色彩选择很关键，该练习能提高幼儿的色彩搭配能力。

创意美术案例集

用铅笔在一张白纸上画出线稿。

将夜空和海洋填上相应色彩的黏土。

用塑形刀将鱼的鳞刻画出来。

用其他颜色的黏土捏出第二条鱼的样子。

用不同颜色的黏土做出各种各样的鱼类。

用各色黏土制作一只热气球鱼。

大班幼儿想象力十分丰富，引导他们创作类似"鱼的梦想"这样的画是没有问题的。

完成图 ➡

生活在海洋中的鱼儿们，总梦想着到陆地及天空去看一看。从天空中看到的景色与水中的景色是多么不一样——夜空中，星星闪烁，水中游鱼四起，多美啊！

3.3 树叶画

趣味性十足的树叶画可以更大地提升幼儿对创意美术的兴趣。

绘画前的思考

　　树叶千姿百态，与很多物体的形状相似，用树叶来贴画各种物体，既经济实惠，又能提高幼儿的绘画能力，对幼儿动脑、动手能力也有很大的促进作用。

　　树叶最好选用梧桐树叶、枫叶、泡桐树叶、冬青树叶、榆树叶等，叶面要完整。在选择树叶时，所制物体的形状与哪一片树叶大致相似，就引导幼儿选用哪一片树叶。创作树叶画时，应充分尊重幼儿的想象力和创造力。

工具的准备

选择工具或材料时，可以事先针对自己想的画面，选择自己想要的工具和材料。

树叶

画纸

胶水   剪刀   塑料眼珠

 **分班教学思路**

　　根据大、中、小班幼儿年龄段的不同，选择不同的图形，是本次课程的关键。图形的选择要符合幼儿的审美情趣，也要符合幼儿的理解能力。

小班创意图形设计

　　小船是幼儿都能想象出来的图形，可以安排小班幼儿学习、创作。

中班创意图形设计

　　极受幼儿喜爱的水母图形，十分适合中班幼儿学习、创作。

大班创意图形设计

　　更为复杂的鱼造型，能训练大班幼儿的构图与搭配技巧。

树叶画制作技巧

采集和粗选  整理和压制

构图和定名  固定

小班 一叶扁舟

构图是制作树叶画关键的一步。构图要注意合理、巧妙、新颖。如何安放、互相遮掩，事先都要考虑好。在采集各种形状和颜色的叶子时，要注意叶面的完整，不要采集腐烂、破损、有虫卵的叶子。

完成图

采集几片随处可见的树叶，
捡起散落地面粉粉的三角梅花瓣，
拼凑成海洋里翩翩起舞的一叶帆船，
驶向我们梦想的家园……

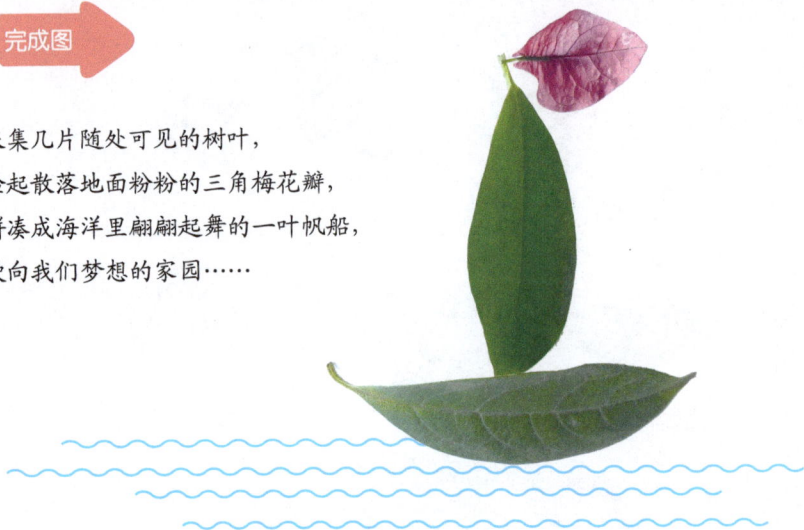

中班　**畅游的水母**

　　树叶画完成之后，一定要用稍重的、平整的物体将树叶画压住，让其慢慢干燥，千万不能放在日光下晒，以防树叶卷曲，破坏画面。

想好构思，摆好树叶的位置。

用乳胶将眼珠粘在叶子上，并将底层叶子粘在画纸上。

将摆好的树叶贴在纸上，用乳胶粘牢，而且要保持叶面的干净。

完成图

　　海洋里的水母很漂亮，我用树叶做的水母也一样可爱……

大班 **热带鱼**

　　要注意培养幼儿良好的卫生习惯和安全使用剪刀的好习惯。如要长期保存树叶画，可在完成的树叶画上面加一层玻璃纸或塑料薄膜。

01

选一片梭形树叶当作鱼的身子。

02

再选一丛像鱼尾一样的树叶，与梭形树叶粘在一起。

选两片三角梅的花瓣
作为鱼漂亮的尾鳍。

选两片椭圆状的树
叶作为鱼的胸鳍。

给鱼贴上塑料眼球，
再用乳胶固定在纸上。

完成图

我想做一只浅海里的鱼，自由地在珊瑚丛中漫游，
带着我的闲适，带着我的美丽……

3.4　拼贴画

趣味性十足的拼贴画，可以更大地提升幼儿对创意美术的兴趣。

绘画前的思考

拼贴画是一种将各种材料拼贴起来的装饰艺术。常用的拼贴材料有贝壳、羽毛、树皮、布帛、皮毛、通草、麦秆等。

拼贴画又名剪贴画，被称为"20世纪最富灵性和活力的艺术形式之一"。拼贴画能充分发挥各种材料的色泽和纹理等特性，其画面具有一定的装饰美感。

工具的准备

可以针对不同的画面选择工具，剪图形时一定要注意安全地使用剪刀。

彩纸

蜡笔

剪刀

胶水

分班教学思路

　　根据大、中、小班幼儿年龄段的不同，选择不同的图形，是本次课程的关键。图形的选择要符合幼儿的审美情趣，也要符合幼儿的理解能力。

小班创意图形设计

　　冰激淋是幼儿最喜欢的甜品之一，小班幼儿创作起来比较容易。

中班创意图形设计

　　极受幼儿喜爱的火箭图形，十分适合中班幼儿学习、创作。

大班创意图形设计

　　浩瀚的太空主题，非常适合大班幼儿绘制、拼贴。

拼贴画制作技巧

挑选材料

剪出造型

拼接粘贴

构图和定名

小班 **自制的冰激凌**

使用油画棒画图时，一定要选择好的、附着力强的油画棒。

用油画棒
在黑卡纸上画
一个冰激凌。

选出白色、黄色、绿色的小块纸片，将它们剪出不同形状的纸屑，粘贴在冰激凌上。

完成图

一口香甜，

引诱着你和我……

SWEET

SWEET

SWEET

SWEET

中班 星空中的火箭

剪刀对本图的造型起到至关重要的作用。

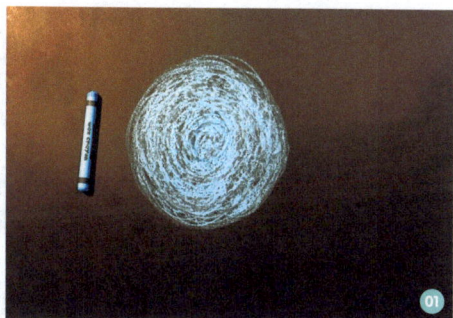

用蓝色的油画棒画出一个星球。

用剪刀剪出白云及火箭的各个部件，
并将其组合、粘贴起来。

完成图

我们一直生活在蓝色的星球上，
突然有一天，
天空中飞出一束耀眼的白光，
原来是人类的火箭，
载着我们的梦想飞上天空……

大班 浩翰的星空

对一幅好的拼贴画而言，如何用胶水固定画面上的小物体也是很重要的。

用剪刀剪出星空中飘浮的各
种星星。

用皱纹纸剪出遥远星空的各种小星星。

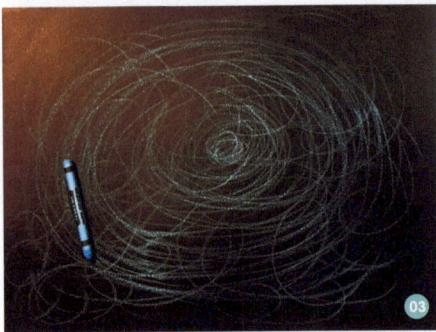

用蓝色的蜡笔在黑卡纸上画出太空中星星的轨迹线。

将我们前面剪出的各式星星组合起来，粘贴在蓝色的轨迹线中。

在粘贴细碎的星星点点时，一定要认真仔细，用胶水固定好，以免贴不牢脱落。

完成图

迷人而浩瀚的太空中，有很多神秘的星星……

3.5　石头画

趣味性十足的石头画，可以更大地提升幼儿对创意美术的兴趣。

绘画前的思考

石头画（石头彩绘）是用环保的绘画颜料，依照石头的大小、形态在石头表面创造出的图画。石头画因色彩鲜明、画面多样、立体逼真，赢得了许多手工爱好者的喜爱。

石头画变废为宝，成本低廉。石材雕刻成型后，经过反复抛光、干燥、上油等处理后，创作者可按照不同图画的内容、构图、光学折射原理等细心雕刻琢磨，使每一块石材的形状配合图画的整体构图。

工具的准备

可以针对不同的画面选择工具，要注意各类画笔的附着力强度。

鹅卵石

油画棒

水彩笔

胶水

分班教学思路

　　根据大、中、小班幼儿年龄段的不同，选择不同的图形，是本次课程的关键。图形的选择要符合幼儿的审美情趣，也要符合幼儿的理解能力。

小班创意图形设计

　　西瓜是幼儿最喜欢的水果之一，西瓜图形适合小班幼儿学习、创作。

中班创意图形设计

　　可以让中班幼儿试着来完成一幅昆虫的作品。

大班创意图形设计

　　海洋生物的制作能训练大班幼儿的构思和手的灵巧性。

石头画制作技巧

挑选石头 　涂色

构图

小班　石制的西瓜

使用油画棒画图时，一定选择附着力强的油画棒。

石头的形状是制作石头画关键的一步，它决定了你构思作品的方向。

01

挑选出一块形状像一片西瓜的石头。

02

用油画棒涂上瓜皮及瓜瓤的颜色。

03

在接近瓜瓤的瓜蕊处涂上淡淡的粉红色。

完成图

盛夏时节，
来一片可口的西瓜吧！

中班　忙碌的昆虫们

根据石头的形状，想象它们可以组合成大自然中的哪一员。

选出形状像蘑菇的三块石头，将它们粘贴固定，并用水彩笔画出蘑菇柄。

给石头蝴蝶画上触角、腿、翅膀。

粘贴固定蜻蜓的身子，再用水彩笔添加它的尾巴及头部等。

水彩笔在纸上的着色最明显、清晰、鲜亮。

完成图

缤纷的自然界中，
昆虫们总是不知在忙什么……

大班 螃蟹眼中的世界

构图是制作石头画关键的一步。构图要合理、巧妙、新颖。

用黑色油画棒画
出鱼的身体部分。

用蓝色油画棒
画出鱼的身体部分。

给行驶中的小船涂
上色彩。

绛红的螃蟹出炉了。

用水彩笔给鱼添上尾巴和鱼鳍。

油画棒与水彩笔分别用于在石头上与纸上着色，混搭风格十分协调。

完成图

螃蟹眼中的世界：
鱼、海鸥、大海、小船……

3.6 纽扣画

趣味性十足的纽扣画可以更大地提升幼儿对创意美术的兴趣。

绘画前的思考

五彩缤纷的纽扣，充满了幼儿对世界的幻想，快快把平凡无奇的纽扣进行"组装"，让纽扣华丽大变身，把美丽的梦想用纽扣描绘出来吧！

有趣的纽扣画手工制作可以用在很多地方，如贺卡、装饰画、相框、包等的制作，既简单又好看，还十分经济，让幼儿来创作纽扣画吧！

工具的准备

可以针对不同的画面进行材料的选择。对纽扣画来说，纽扣的形状、花色最重要。

01

02

画纸　　　　　　　　　　　　纽扣

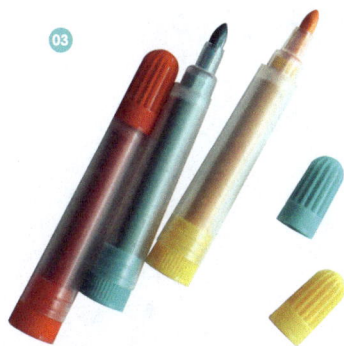

水彩笔

乳胶

分班教学思路

根据大、中、小班幼儿年龄段的不同，分别挑选不同的图形，是本次课程的关键。图形的选择要符合幼儿的审美情趣，也要符合幼儿的理解能力。

小班创意图形设计

纽扣与简笔画结合比较简单，可以安排小班的幼儿进行创作。

中班创意图形设计

幼儿喜爱的丛林蘑菇图形，十分适合中班幼儿学习、创作。

大班创意图形设计

清新的花卉图案，能训练大班幼儿的构图与色彩搭配技巧。

纽扣画制作技巧

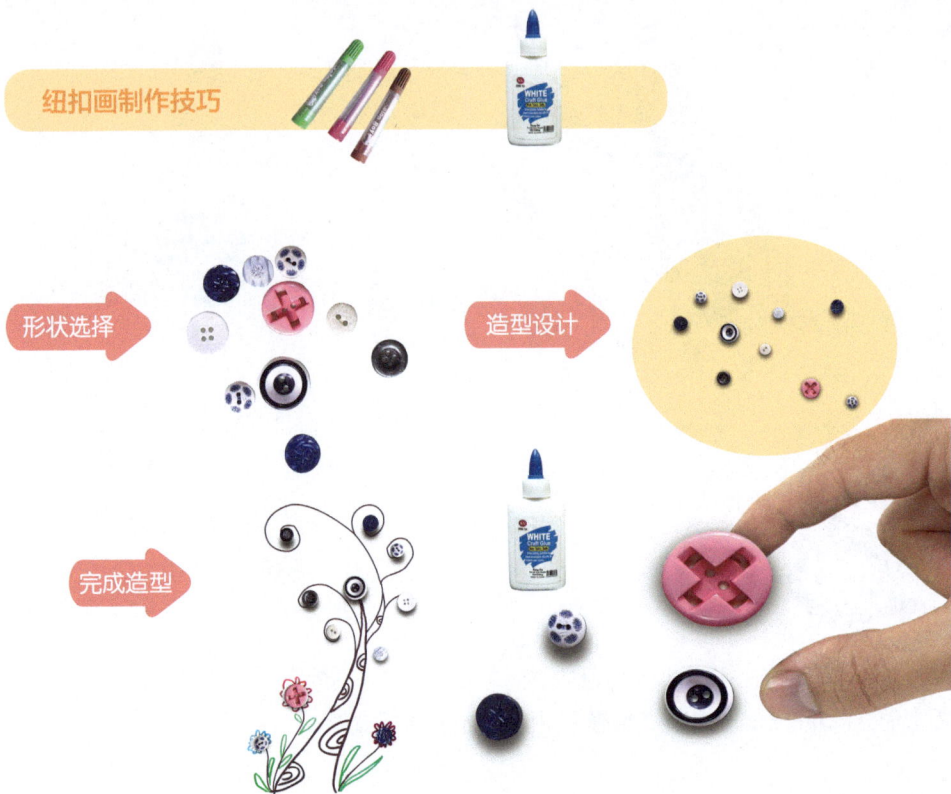

形状选择 ➡

造型设计 ➡

完成造型 ➡

小班 一起上学去

初次接触纽扣画练习的幼儿，选一两颗纽扣搭配简笔画创作是再合适不过的了。

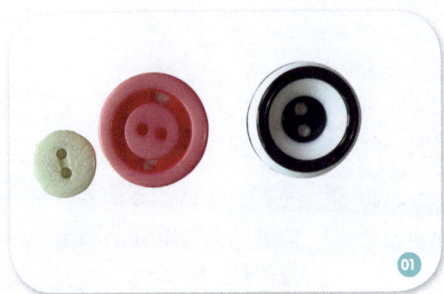

01 选三颗纽扣。

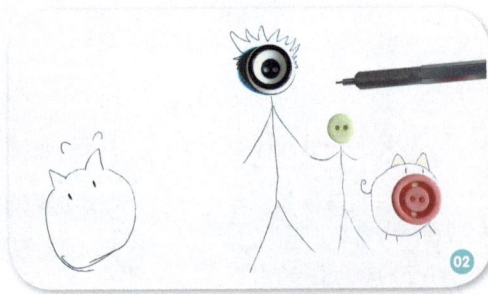

02 画出大人、幼儿及动物的身体。

完成这张作品的关键在于幼儿使用铅笔的勾线能力。

妈妈，

我，

小猪和大猫，

一起去上幼儿园！

中班 蘑菇朵朵

对中班幼儿而言，挑选各种不同的纽扣再配合水彩笔进行创作，对手脑练习很有帮助。

挑选各式各样的纽扣。

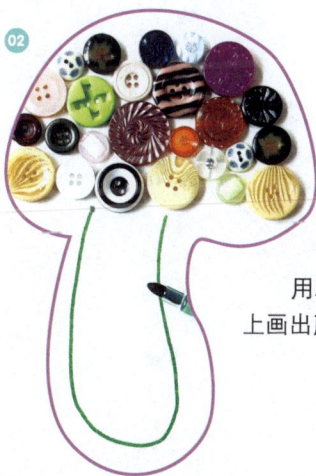

用水彩笔在白纸上画出蘑菇的外形。

用纽扣拼贴成五彩蘑菇!

大班 花卉世界

水彩笔的魅力在于色彩艳丽,合理的色彩搭配可使画面协调美观。

01

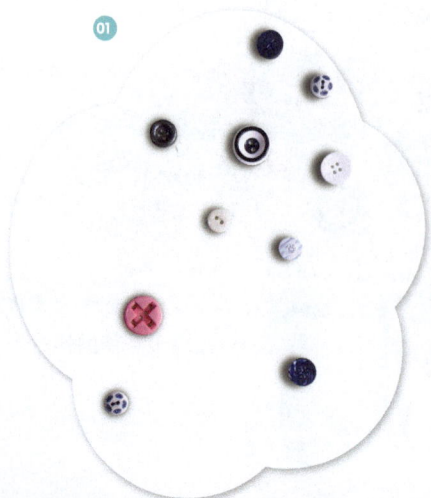

用不同的纽扣摆出我们想要的造型。

02

用棕色水彩笔勾出花枝主体。

用棕色水彩笔勾出花枝纹样。

用棕色水彩笔勾出花枝藤蔓。

用绿色水彩笔画出花卉的叶子。

给"纽扣 花蕊"添加不同色彩的花朵。

大班幼儿可以自由发挥，创作出更复杂、美丽的纽扣画。

完成图

一颗纽扣，
两颗纽扣，
三颗纽扣……
颗颗纽扣凑成了花卉的世界。

3.7　滴溅画

趣味性十足的滴溅画，可以更大地提升幼儿对创意美术的兴趣。

绘画前的思考

　　滴溅法类似于我国传统的泼墨技法。但"滴溅"这个概念却是西方涂鸦大师发明的，最初是指颜料不小心溅在画布上，产生了意想不到的效果，使画面获得了新的生命力。

　　滴溅的效果随着人们想象的层层递进趋于丰富化、立体化。人们将滴溅法归入抽象画派类，形成了一种独立的艺术形式。

工具的准备

选择工具时，可以针对不同的画面选用不同的工具，滴溅画的调色比例很重要。

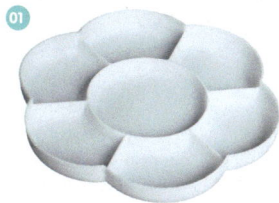
调色盘

彩色纸

颜料

画笔

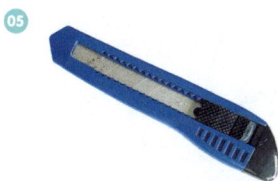
刻刀

铅笔

分班教学思路

根据大、中、小班幼儿年龄段的不同，分别挑选不同的图形，是本次课程的关键。图形的选择要符合幼儿的审美情趣，也要符合幼儿的理解能力。

小班创意图形设计

随意滴溅各种颜色的点对小班幼儿来说最容易上手。

中班创意图形设计

最受幼儿喜爱的云朵图形，十分适合中班幼儿学习、创作。

大班创意图形设计

火热太阳图案，能训练大班幼儿的色彩搭配技巧，并发挥其无限的想象力。

滴溅画制作技巧

调色

刻图

滴溅

小班 缤纷的世界

完成滴溅画最重要的是画笔的滴溅效果和色彩的搭配。

01 用画笔在不同的格子中搅拌，调出自己喜欢的色彩。

02 用画笔随意滴溅出漂亮的点。

03 选用其他色彩再滴溅出其他颜色的点。

仿佛是不经意的挥洒,
却滴溅出绚丽的色彩。

中班 彩云纷纷

要完成一定形状的滴溅效果,在卡纸上刻出形状是很关键的。

01 用刻刀在红色卡纸上刻出一个云朵的形状。

02 用画笔随机滴溅出大小不一的点。

03 丰富云朵中的点,揭开卡纸,露出下面的白纸。

完成图

那多彩的云朵,
是否在你的脑海中飘过?

大班 炫目的太阳

刻刀在塑造形状中起到了关键的作用，但使用时要注意安全。

大班幼儿的想象力十分丰富，对色彩的应用也十分成熟，可随意滴溅，任意发挥。

将自己想要的颜色的颜料挤到调色盘中。

用铅笔画出一个太阳的形状。

在白纸上垫一张卡纸，用刻刀刻出太阳的形状，透出下面的白纸。

用画笔在白纸上滴溅出自己喜欢的颜色。

逐渐丰富挖空处的颜色。

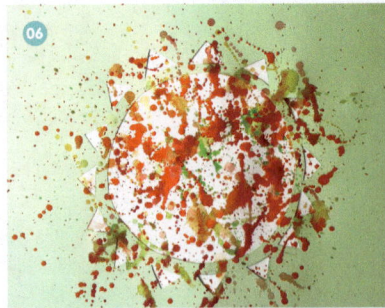

点的大小、轻重要富于变化。

任何绚丽的色彩都无法表达太阳的热情！

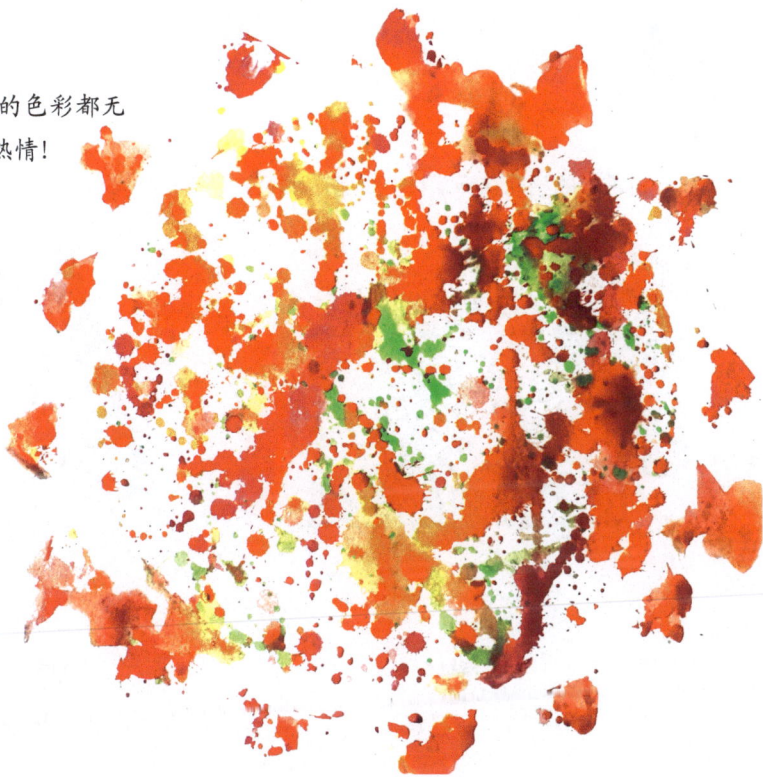

3.8　圆盘画

趣味性十足的圆盘画，可以更大地提升幼儿对创意美术的兴趣。

绘画前的思考

圆的结构简洁、匀称，外观圆润可爱。圆的周边光滑且到圆心等距离，设计简单、制作方便又省料。圆的内涵丰富，组合与变形缤纷多样。圆具有浓厚的文化色彩，与人们的生活紧密相连，且与人们的精神世界有千丝万缕的联系，人们都追求圆满的生活和人生。

圆在艺术领域产生的效果也是无法比拟的。圆盘画有着独特的魅力。

工具的准备

可以针对不同的画面选择工具。裁剪图形时一定要注意安全地使用剪刀。

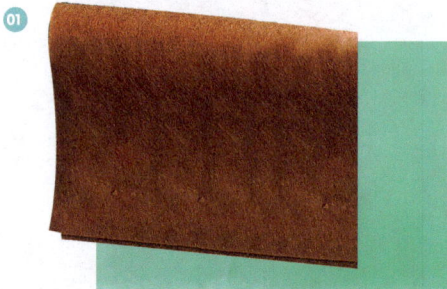

彩纸

油画棒

纸碟

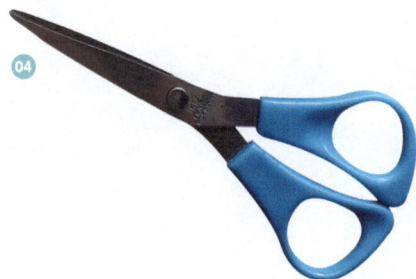

剪刀

分班教学思路

　　根据大、中、小班幼儿年龄段的不同，分别挑选不同的图形，是本次课程的关键。图形的选择要符合幼儿的审美情趣，也要符合幼儿的理解能力。

小班创意图形设计

圆是常见的基础图形，可以安排小班的幼儿进行创作。

中班创意图形设计

极受幼儿喜爱的花朵图形，十分适合中班幼儿学习、创作。

大班创意图形设计

将大海、帆船制成复杂的装饰圆盘画，会让大班幼儿很有成就感。

圆盘画制作技巧

挑选材质

剪出造形

构图和定名

 **圆的韵律**

水彩笔在纸碟上着色最明显，关键是色彩搭配要得当。

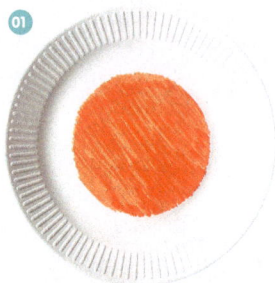

用橙色水彩笔在纸碟的中心部分涂上颜色。

用绿色水彩笔画上十字叉。

画出线条、组成好看的图案。

完成图

圆的美，

如此和谐……

 **圆盘中的玫瑰**

剪刀对本图的创作起着至关重要的作用。

在纸碟中间，用笔画出一朵含苞待放的玫瑰。

给玫瑰涂上颜色。

完成图

圆盘中的玫瑰，
象征着圆满的生活……

大班 乘风破浪万里船

创意造型的材料选择是至关重要的一个环节。

创作圆盘画时，脑中一定要先想好构图，再根据自己的构图及材料一步步完成作品。

用水彩笔画出水波及小船。

将白纸剪成帆状，并涂上颜色。

用白纸剪出另一张帆，并涂上颜色。

将帆与小船组合起来。

制作装饰带及船桅。

将装饰带与船桅组合在圆盘上，完成这幅作品。

完成图

小船航行在美丽的大海上……

3.9　版画

趣味性十足的版画，可以更大地提升幼儿对创意美术的兴趣。

绘画前的思考

版画是视觉艺术的一个重要门类。

艺术范围内的版画是指通过构思，以刀或化学药品等在木、石、麻胶、铜、锌等版面上雕刻或蚀刻后创作出来的图画。

我们要创作的儿童版画是在生活中常见的珍珠板上刻出图案，涂上颜料，再反印在画纸上的一种简单的版画。

工具的准备

可以针对不同的画面选择工具。在珍珠板上刻图案时力度一定要合适。

珍珠板

水彩颜料

铅笔

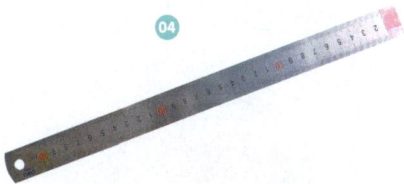

钢尺

画笔

小碟子

分班教学思路

根据大、中、小班幼儿年龄段的不同，分别挑选不同的图形，是本次课程的关键。图形的选择要符合幼儿的审美情趣，也要符合幼儿的理解能力。

小班创意图形设计

　　棒棒糖是常见的图形，可以安排小班幼儿进行创作。

中班创意图形设计

　　最受幼儿喜爱的飞机图形，十分适合中班幼儿学习、创作。

大班创意图形设计

　　大海中的小船，非常适合大班幼儿学习、创作。

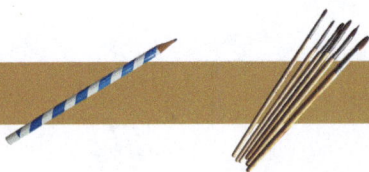

版画制作技巧

刻图案

涂色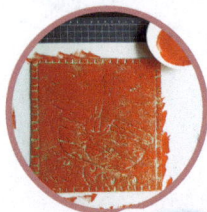

压印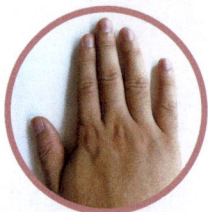

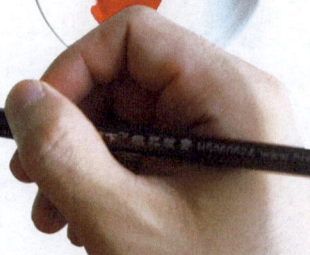

小班 印象棒棒糖

铅笔除可勾画图案外，有时也可以在特殊材料上达到刻刀的效果。

构图是制作版画的关键一步。构图要合理、巧妙和新颖，想好如何刻图案、如何互相压制，方便勾刻。

用铅笔或圆珠笔在珍珠板上刻出图案。

用红色画笔将整个珍珠板涂上颜料。

在白色画纸上压制图案。

完成图

印象中，
你的棒棒糖那么诱人。

中班 我的小飞机

用画笔在珍珠板上涂画时要注意厚薄均匀。

勾刻时，工具选择很关键，轻重要得当，同时要注意使用工具的安全问题。

中班幼儿制作的图案要复杂一点，但步骤一样，先刻图、涂色，再压印，完成作品。

完成图

让理想的飞机，

从我手上起飞……

大班 **汪洋中的帆船**

在珍珠板上画图案是制作版画的关键一步。图案的深浅与清晰度会直接影响反印出来的图案的效果。

用铅笔在珍珠板上画出船的初样稿。

继续添加船身的细节部分。

清晰地画出船上的桅杆部分及飞翔的海鸥。

画出汹涌起伏的波涛。

用红色颜料均匀涂满整个珍珠板并压印。

完成图

大海中，驶来一艘帆船，
乘风破浪……

3.10 蔬果画

趣味性十足的蔬果画，可以更大地提升幼儿对创意美术的兴趣。

绘画前的思考

蔬菜画是用辣椒、大葱、萝卜、花菜等常见的蔬菜制成的画。根据蔬菜的自然形态，或取果实，或利用茎叶，经干燥、定型等处理，制作出独具神韵的蔬菜画。

自然界的蔬菜本身具有丰富的色彩和形态，十分适合表现中国画里的许多绘画技法。

工具的准备

可以事先针对想好的画面选择工具或材料。

蔬菜

水彩颜料

白纸

调色盘

油画棒

画笔

分班教学思路

　　根据大、中、小班幼儿年龄段的不同，分别挑选不同的图形，是本次课程的关键。图形的选择要符合幼儿的审美情趣，也要符合幼儿的理解能力。

小班创意图形设计

中班创意图形设计

大班创意图形设计

　　树是常见的图形，可以安排小班的幼儿进行创作。

　　最受幼儿喜爱的花朵图形，十分适合中班幼儿学习、创作。

　　一件有特色的T恤，既能训练大班幼儿的构图能力，又能训练其色彩搭配的技巧。

蔬果画制作技巧

纹理采集

纹理制作

构图作品

小班  **一棵大树**

　　花菜的纹理特殊、好看，涂上颜料后蘸着作画很有特色，肌理富有质感。
　　肌理的运用是制作蔬果画的关键。构图要合理、巧妙和新颖，色彩搭配也要考虑好。

利用花菜的纹理，蘸上各色颜料制作作品。

完成图

秋天渐渐来临，

大树从郁郁葱葱，

染上了秋的风霜……

树叶的色彩变得越来越丰富。

中班 一束玫瑰

白菜的茎干涂上红色后像一朵朵红玫瑰，用来制作玫瑰花朵最合适。

神似玫瑰的肌理，让中班的幼儿更有想象空间，中班幼儿快制作一束玫瑰花送给亲爱的妈妈吧！

利用白菜茎干部分神似玫瑰的纹理，蘸上各色颜料制作一束玫瑰花。

完成图 ➡

一束玫瑰，
盛开得十分美丽……

大班　**创意 T 恤**

萝卜的可塑性很强，可以任意雕刻成各种形状，价格又便宜，很适合制作印章。
雕刻成各式各样形状的萝卜，蘸上颜料后，印在卡纸上，既有形状，又有肌理感。

01

02

利用萝卜和葱头的特殊肌理效果制作一件有特色的T恤是非常有意思的。

我们先将萝卜刻成星星和月亮的形状，再将葱头节成一小段。

在一张黑卡纸上画出T恤的外形，分别用红色、橙色、奶黄色在T恤上印出不同形状的图案。

沿着T恤的外形，剪出T恤的样式来。

一件创意T恤作品就完成了！

完成图

一件创意十足的T恤，穿上它很美观……

3.11 棉画

趣味性十足的棉画，可以更大地提升幼儿对美术的兴趣。

绘画前的思考

棉签是由医用脱脂棉和精制竹杆加工而成的，棉头吸水性强，能使液体均匀地擦拭皮肤，达到消毒的效果。它干净、卫生、吸水性强、价格便宜等，特别适合用于幼儿创意美术的创作。

用棉签作画是一种很特别的作画方式，新颖又独特，比用笔作画更能让幼儿感知作画的多样性和趣味性。

工具的准备

可以针对不同的画面选择工具。棉签的使用在构图中有很多可发挥的空间。

棉签

颜料

胶水

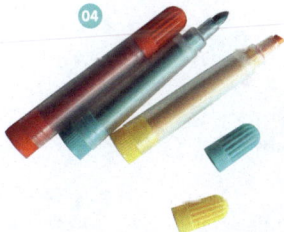

水彩笔

调色盘

剪刀

分班教学思路

根据大、中、小班幼儿年龄段的不同，分别挑选不同的图形，是本次课程的关键。图形的选择要符合幼儿的审美情趣，也要符合幼儿的理解能力。

小班创意图形设计

彩虹是常见的图形，可以安排小班的幼儿进行创作。

中班创意图形设计

极受幼儿喜爱的花朵图形，十分适合中班幼儿学习、创作。

大班创意图形设计

利用棉签头创作我的小宠物，能训练大班幼儿的构图与搭配能力。

棉画制作技巧

点染

添加元素

粘贴

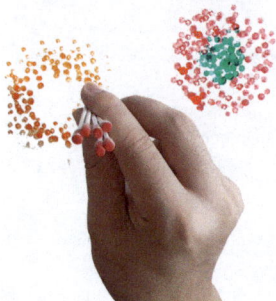

小班 彩虹下面云朵飘飘

水彩笔在纸上着色最明显，使用的关键是搭配色彩要得当。

对初次接触棉画的幼儿来说，彩虹是很好画的，作品再装饰两坨棉花就完成了，非常好操作。

用红色的水彩笔画出一道红色的彩虹。

用紫色的水彩笔画出第二道彩虹。

完成彩虹的绘制后，在彩虹两端粘上两坨棉花（取自棉签头）。

完成图

雨过天晴，
彩虹下白云朵朵。

中班 春天里的鲜花朵朵

棉签的使用是至关重要的，在纸上点染的力度决定了点的大小与深浅。

中班幼儿的手的协调能力增强，完全可以自由操控棉签，随意点出想要的花朵形状及颜色。

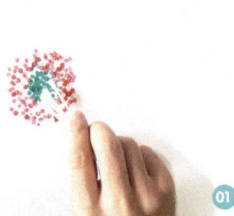

用棉签一头蘸上红色的颜料，点成花瓣的样子，再点上不同颜色的花蕊。

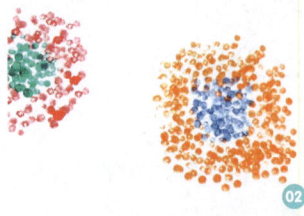

完成第二朵花的制作，这次换橙色花瓣、蓝紫色花蕊。

接着用画笔画出花茎及叶子，花朵完成。

完成图

鲜花朵朵，
沐浴在骄阳下。

大班　我的小宠物

棉签头、镊子、胶水这三种物品是"我的小宠物"制作的工具。

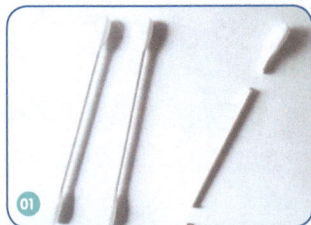

用剪子将棉签剪成三段，留下两段棉签头。

将胶水均匀地涂在纸上，再用镊子小心精准地将棉签头固定好。

将剪下的黑卡纸"眼珠"粘贴在摆好的棉签头上固定好。

将棉签头摆成小宠物的样子。

用完整的长棉签蘸上红色颜料，给小宠物添加身子的部分。

最后给小宠物添加上手、脚的部分，"我的小宠物"就制作完成了。

对大班幼儿来说，精准地用镊子将棉签头摆好位置，对锻炼手的协调能力帮助很大。

完成图

用心构思你的样貌，
小心地摆放，
将你的样貌呈现出来……

3.12 手印画

趣味性十足的手印画，可以更大地提升幼儿对创意美术的兴趣。

绘画前的思考

手印画是美术画的一种。幼儿可通过自己的观察了解手印画的特点，学会添画简单的线条来表达自己的想象。教师应引导幼儿学会运用手印画的形式表现生活中的事物，鼓励幼儿发现生活中的美，培养幼儿对美术的热爱之情。

幼儿在用手指印画时，颜料不能蘸得太多，太多会看不出手指的形状，而且画面不美观，印的时候不能压得太重或太轻，也不能用力不均。创作完成后，幼儿要将手洗干净。

工具的准备

不同的画面，选用的工具会有所不同，手印画的调色比例很重要。

碟子

画纸

颜料

画笔

分班教学思路

根据大、中、小班幼儿年龄段的不同，分别挑选不同的图形，是本次课程的关键。图形的选择要符合幼儿的审美情趣，也要符合幼儿的理解能力。

小班创意图形设计

　　随意的手指点印幼儿最容易上手，小班幼儿可任意发挥。

中班创意图形设计

　　对手印进行创作十分适合中班幼儿。

大班创意图形设计

　　多个手印叠加构成不同的图案，可以锻炼大班幼儿的想象力。

手印画制作技巧

调色  蘸染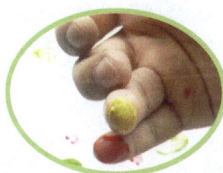

手印

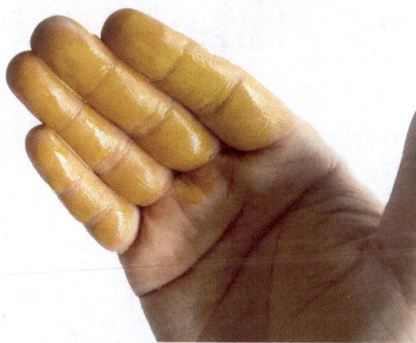

 飞舞的藤蔓

　　完成手印画最重要的是印染的效果和色彩的搭配。

将颜料涂在不同手指上，再转印在画纸上。

随心点出不同色彩的手指印。

用画笔画出藤蔓生长的样子。各色手指印点缀其中。

单根手指蘸上不同颜色的颜料，可在画上表现出不一样的意境。

完成图　我们就像藤蔓一样慢慢地、茁壮地成长。

中班　搞怪的小人物

将整只手涂上颜料制作手印画，印在画纸上的手纹效果是很关键的。

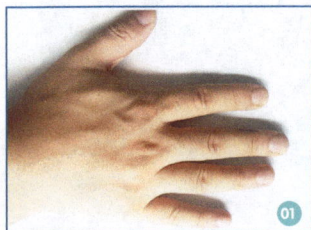

将颜料涂在整只手上，转印在画纸上。

再在一根手指上涂上黑色颜料，点在掌印中央。

用画笔画出笑脸部分及衣领部分。

这幅手印画的关键是在整只手上涂上不同的色彩。

完成图

搞怪的小人物看起来
很有意思！

大班 **重峦叠嶂的远山**

不同颜色的手掌印，层层叠叠，可产生不一样的效果，幼儿可以发挥想象的空间很大。

01

02

03

将四指并在一起，涂上姜黄色颜料，转印在画纸上。

换涂颜色更深一些的颜料，转印在画纸上。

手掌印深浅不一、层层叠加。

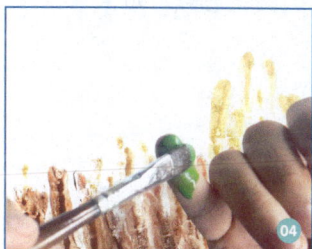

04

05

06

用画笔在手指上滴上自己喜欢的颜色的颜料。

用手指涂抹画面，对画面进行调整。

将深浅不同的蓝色颜料涂在手指上，转印在画面上，朵朵云彩就出现了。

大班幼儿的想象力十分丰富，引导他们多多发挥，创造远山的图案是没有问题的。

完成图

在朵朵云彩下，
重峦叠嶂，
绿意点染了苍山大地……

3.13　编织画

趣味性十足的编织画，可以更大地提升幼儿对创意美术的兴趣。

绘画前的思考

编织画采用棉线、丝线、毛线、细麻线等原料，纺织成色彩明亮的图案，主要题材是民族风情、自然风光等。编织画有较为浓郁的少数民族色彩，用来装饰房间，风格非常独特。

工具的准备

可以针对不同的画面选择工具。对不织布来说，色彩艳丽很重要。

01 不织布

02 剪刀

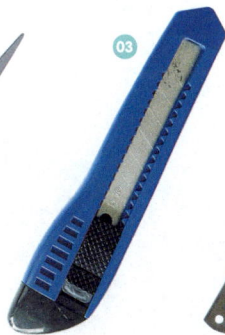

03 裁纸刀

04 钢尺

 **分班教学思路**

　　根据大、中、小班幼儿年龄段的不同，分别挑选不同的图形，是本次课程的关键。图形的选择要符合幼儿的审美情趣，也要符合幼儿的理解能力。

小班创意图形设计

　　菜青虫是常见的图形，可以安排小班幼儿进行创作。

中班创意图形设计

　　幼儿喜爱的漂亮花朵图形，十分适合中班幼儿学习、创作。

大班创意图形设计

　　可爱的小房子能训练大班幼儿,的构图与色彩搭配能力。

编织画制作技巧

材料裁剪  造型设计

完成造型

 **胖胖菜青虫**

剪刀对本次造型起着至关重要的作用，在使用时要注意安全。

对初次接触编织画练习的幼儿来说，熟练地运用剪刀剪出自己想要的形状至关重要。

用剪刀剪出各色圆点。

用剪刀剪出菜青虫的形状。

将剪好的彩色圆点用胶水粘贴在菜青虫身上。

完成图

我是一只胖胖的、带有彩色斑点的菜青虫，我静静等待着结茧之后破茧而出、化成美丽蝴蝶的那一天！

中班 太阳花儿开

裁纸刀不仅可以裁切各种纸张，还可以裁切各种布。
对中班幼儿来说，练习手指与工具的配合使用对提高协调能力是很重要的。

用剪刀剪出花朵的形状，并划出条痕。

制作各种零部件。

用不织布布条编织彩色花蕊。

看我手织的花朵，多么绚丽可爱！

大班 童话小屋

为了让裁出的布条更方便编织，用一把钢尺控制长、宽是很重要的。

用剪刀剪出屋顶、屋身及烟囱，并划出条痕，用于编织。

用裁纸刀裁出整齐的各色布条。

用布条编织出穿插的各色色块来装饰屋身。

用布条编出穿插的各
色色块来装饰屋顶。

剪掉布条多余的部分,
屋顶的装饰完成。

将各个部件粘贴成一座
彩色小屋。

大班的幼儿可以自由发挥,创作出更加复杂而美丽的编织画!

完成图

一条绿色,
一条蓝色,
一条黄色······
一条条彩色布条,
在我灵巧的指尖,
穿梭成了梦幻中的小屋。

3.14 吹画

趣味性十足的吹画,可以更大地提升幼儿对创意美术的兴趣。

绘画前的思考

　　吹画就是将颜料调制成液体，将液体颜料滴或泼在画纸上，然后用嘴、吸管或其他工具（牙刷、刷子等）吹动液体颜料，使之流动。让色彩在纸上流动，变化出造型奇特的画面吧！

　　吹画可以产生意想不到的效果，这是许多人喜爱它的原因。现在我们来看看小朋友可以吹出什么样的画来。

工具的准备

不同的画面选用的工具有所不同。吹气时，力度要把握好。

调色盘

画纸

颜料

画笔

塑料管

碟子

分班教学思路

　　根据大、中、小班幼儿年龄段的不同，分别挑选不同的图形，是本次课程的关键。图形的选择要符合幼儿的审美情趣，也要符合幼儿的理解能力。

小班创意图形设计

　　花卉是常见的图形，可以安排小班的幼儿进行简单的创作。

中班创意图形设计

　　让中班幼儿感受根的生命力，激发他们的想象力。

大班创意图形设计

　　大班幼儿对奥运五环是有认知的，请他们试着创作出想象中的五环吧。

吹画制作技巧

调色

吹画

勾勒调整

 **绽放的花**

吹的力度决定了画面上枝条的造型。

对于小班幼儿来说，用塑料管吹出纤细的枝条也是需要有耐心的。

在白色的画纸上，用塑料管
吹出纤细的枝条。

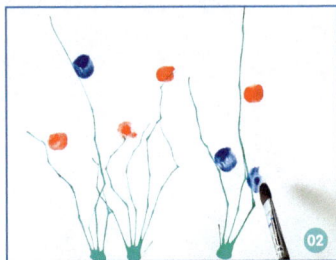

用画笔蘸上其他的色彩，点
缀在枝条上。

完成图

纤细的枝条上，

开满了绽放的花朵。

 **纠结的根**

吹气时用气的力度决定了树根颜色的深浅。

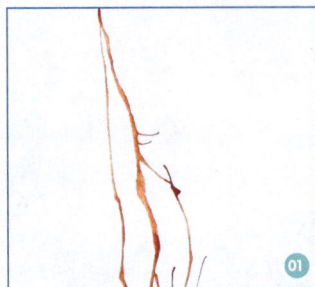

用塑料管将白纸上的棕色
颜料吹成树根的样子。

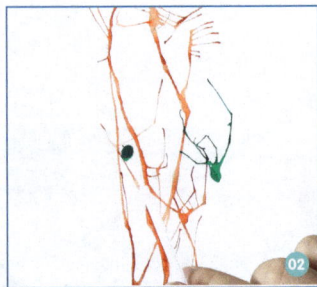

换另一种颜色的颜料，穿
插着吹出纠结的根。

纠结的根，像我们一样团结在一起。

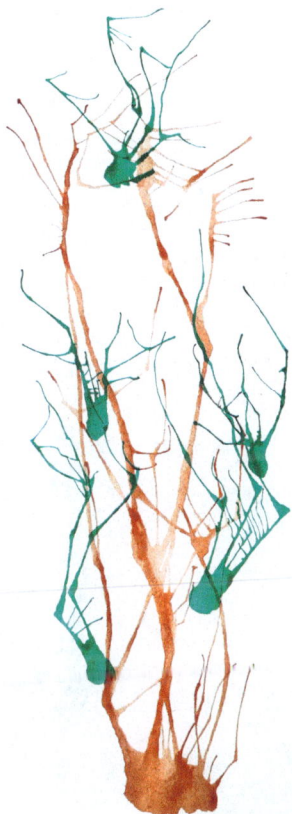

大班 🌸 五环

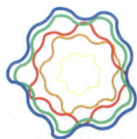

画笔与塑料管双管齐下，画出的效果各有不同。

创作吹画时，脑中一定要先想好图案，再根据自己的想法一步步完成构图。

01 用塑料管吹出一个黄色的圈。

02 用画笔蘸上棕色颜料，围着黄色的圈勾出第二个圈。

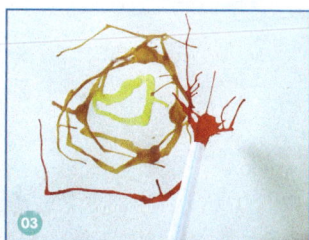

03 用塑料管吹出红色的第三个圈。

用画笔勾出绿色的第四个圈。

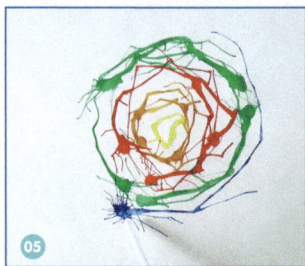

用塑料管吹出蓝色的第五个圈。

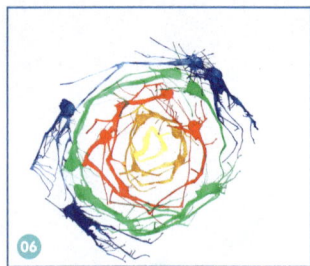

画笔与塑料管搭配使用，完成五环。

完成图

迷人的五环蕴含了多少意义……

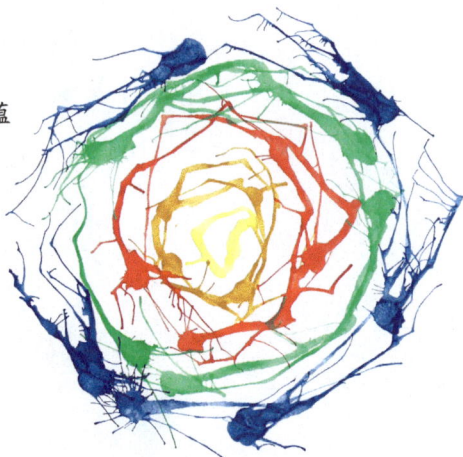

3.15 盒子画

趣味性十足的盒子画，可以更大地提升幼儿对创意美术的兴趣。

绘画前的思考

日常生活中会有许多废弃的空盒子，丢弃太可惜了。将废弃的盒子利用起来，制成各种饰品，是很有意义的。盒子画也是幼儿特别喜欢的手工活动之一。

将生活中废弃的盒子通过剪、折、贴、画等，巧妙地制作成各种有趣、好玩的幼儿创意手工作品，让幼儿在边玩边做的同时，开发动手能力、艺术创造力、想象力和绘画能力。

工具的准备

可以针对不同的画面选择不同的工具。大面积涂色需要使用附着力强的蜡笔。

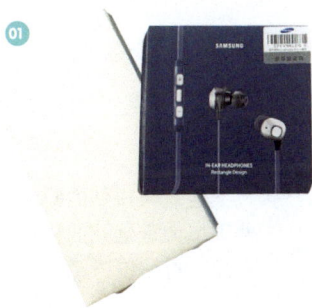

空盒子

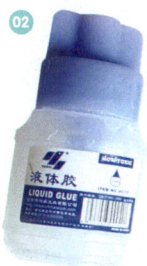

胶水

剪刀

蜡笔

画纸

彩色卡纸

分班教学思路

根据大、中、小班幼儿年龄段的不同，分别挑选不同的图形，是本次课程的关键。图形的选择要符合幼儿的审美情趣，也要符合幼儿的理解能力。

小班创意图形设计

礼品是幼儿都喜欢的，可以安排小班幼儿对礼品盒进行装饰。

中班创意图形设计

装饰礼品盒是幼儿喜爱的活动，也适合中班幼儿练习。

大班创意图形设计

包装与拼贴的配合，能训练大班幼儿的构图、搭配、拼贴技巧。

盒子画制作技巧

涂鸦

包装粘贴

剪贴

 **小班** **自制礼品盒**

蜡笔在包装纸上使用，有明显的肌理效果，色彩搭配得当会让作品更加出彩。

用淡黄色的包装纸包起长
条状的空盒子。

用各色蜡笔在包装纸上
画出淡淡的线圈。

最后画上一朵红色的小
花，完成包装。

对于初次练习盒子画的幼儿来说，要想将盒子包装好，需要多加练习。

完成图

自绘的礼品包装图案，
更能表达我诚挚的心意，
红色小花多么漂亮！

中班 **图腾猫**

在盒子画的制作过程中，固定很重要，涂抹胶水时一定要均匀得当。

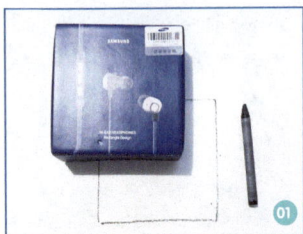

按照方形盒子的外沿画出轮廓。

用蜡笔画出图腾的面部表情和耳朵。

涂色，并完成下半部的制作工作。

中班幼儿的手的协调能力增强，可创作一些复杂一点的图案。

完成图

这只可爱、有创意的图腾猫是我的得意之作。

大班 盒子怪物

蜡笔、剪刀、胶水这三种工具的配合使用，对手工创意画来说是很关键的。

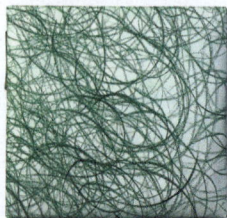

在包装纸上画上混杂的绿色线条。

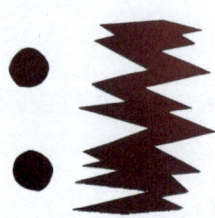

用黑卡纸剪出眼珠及锯齿状的牙。

剪出怪物身上的零件。

在包装纸上粘贴脸部和眼睛。

在嘴巴处贴上锯齿状的牙。

完成耳朵的粘贴及脸部的装饰工作，盒子怪物就完成了。

除了熟练地使用蜡笔随意画出优美的线条外，裁剪形状的标准性也很重要。

完成图

自制的礼品盒送给亲爱的小伙伴。

3.16 扇面画

趣味性十足的扇面画，可以更大地提升幼儿对创意美术的兴趣。

绘画前的思考

扇面画是中国历史悠久的传统艺术品。历代书画家都喜欢在扇面上绘画或书写文字以抒情达意。从形制上分，圆形的叫团扇、折叠式的叫折扇。

折扇的扇面上宽下窄，呈扇形。在创作时，须考虑在特定的空间范围中安排画面，精思巧构，展示技法，创造出富有魅力的形象和意境。

工具的准备

扇子的形状各式各样，有简单的，有复杂的，可以根据不同的班级程度选择练习。

各色彩纸　　　　　　　水彩笔　　　　　　　剪刀　　　　　　　胶水

分班教学思路

根据大、中、小班幼儿年龄段的不同，分别挑选不同的图形，是本次课程的关键。图形的选择要符合幼儿的审美情趣，也要符合幼儿的理解能力。

小班创意图形设计

　　苹果树是常见的图形，可以安排小班幼儿进行创作。

中班创意图形设计

　　菠萝图形是幼儿喜爱的图形，适合中班幼儿学习、创作。

大班创意图形设计

　　折扇的制作对训练大班幼儿的手脑配合十分有效。

扇面画制作技巧

折纸

剪形

粘贴

小班　苹果树团扇

　　剪刀在裁剪形状时必不可少，使用时要注意安全。

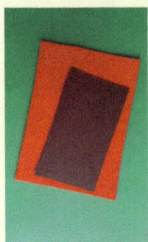  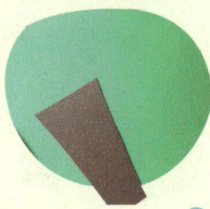 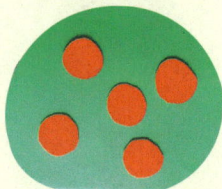

01 备好彩纸，剪出一些
小红圆点。

02 用剪刀剪出绿
色树冠及棕色树干。

03 用胶水将小红
圆点及树冠与树干粘
在一起。

构图是制作扇面画关键的一步。用剪刀裁剪扇面形状时一定要精准。

 完成图

满树的红苹果，

天气热了，

还可以用这个团扇扇扇风。

中班 我的菠萝扇

有些复杂的扇面需要先用水彩笔画好，再用剪刀裁剪。

  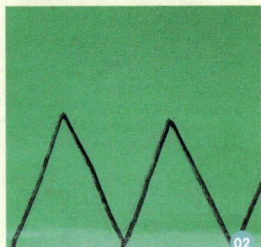 

01 备好彩纸，画出菠萝的形状，
并剪下来。

02 在绿色卡纸上画出菠
萝叶子的形状，并剪下来。

03 用胶水将菠萝的
部件粘贴起来。

各个部件的制作是制作菠萝扇的关键。将各个部件组合成菠萝扇，生动又有趣。

完成图　创意菠萝扇在我手中摇啊摇……

大班　**鲜花工艺折扇**

剪刀在裁剪形状时必不可少，使用时要注意安全。

将各色卡纸
折成左图所示的
形状，剪出锥形。

01

打开锥形后，形成一朵朵
小花，再在小花的中心用胶水
贴上花蕊。

02

用剪刀将绿色卡纸
剪成树叶的形状。

03

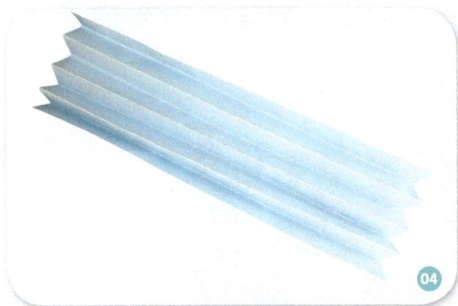

将淡蓝色的卡纸折成风琴状，做成折扇。

再将制好的小花和树叶贴在折扇上进行装饰。

折扇制作的关键是在折叠的过程中，边宽要保持一致，这样制作出来的折扇才会好看。

完成图

一把工艺折扇既是扇子，又是精美的装饰品。

3.17　盐画

趣味性十足的盐画，可以更大地提升幼儿对创意美术的兴趣。

绘画前的思考

盐画在绘画领域是一个新的突破，开创了盐的新用途，提升了盐的艺术价值，具有艺术的创新性和价值的独特性。

盐画的创作独具创意，灵动飘逸。作品浓淡兼施，挥洒自如，立体感强，苍劲有力，使人耳目一新，具有很高的艺术观赏性。

工具的准备

可以针对构思的画面来选择工具或材料。

画纸 水彩颜料 纸杯

画笔 盐 塑料管

分班教学思路

根据大、中、小班幼儿年龄段的不同，分别挑选不同的图形，是本次课程的关键。图形的选择要符合幼儿的审美情趣，也要符合幼儿的理解能力。

小班创意图形设计

斑点是常见的图形，可以安排小班幼儿进行创作。

中班创意图形设计

深受幼儿喜爱的仙人掌图形，十分适合中班幼儿创作。

大班创意图形设计

火箭的制作能训练大班幼儿的构图与搭配技巧。

盐画制作技巧

调色

撒盐构图

染色固定

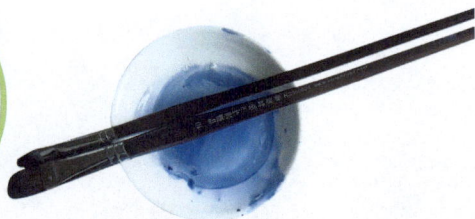

 小班 **彩色斑点**

在食盐中滴入颜料后，画出的画面很有特色，其肌理十分美丽。制作时，盐涂撒的

厚薄很关键。

在白纸上涂撒上盐，用画笔蘸上各色颜料浸在盐中。

在创作盐画前要考虑好构图和色彩搭配，还要考虑好想要的肌理效果。

完成图 ➡ 斑斑点点，各色各样……

中班 **沙漠仙人掌**

颜料的浓淡要适中，将蘸上颜料的画笔浸入食盐时要仔细，笔势轻重也要掌握好。

在白纸上撒上盐后，用蘸有绿色颜料的画笔画出仙人掌的茎，再用蘸有粉红色颜料的画笔画出粉红色的小花。

画仙人掌时，除了要保留盐的肌理外，还要精确地表现仙人掌的外形特征。

完成图 ➡

仙人掌上
开出了粉红色的小花……

 **大班** **一飞冲天**

在盐中滴入颜料后，画出的肌理十分美丽。制作时，盐涂撒的厚薄很关键。

在碟子中调出各色颜料。

在涂撒了盐的白纸上画出蓝色、红色的火箭。

画出绿色的火箭。

画出太空中的星星。

给火箭添加火焰。

补全太空中的星球及星星。

制作这幅"一飞冲天"时，要注意盐的分布要均匀，同时，画笔的力道轻重也要适宜。

完成图 ➡

浩瀚的星空中，火箭一飞冲天，带着我们的梦想，飞向宇宙……

3.18 毛线画

趣味性十足的毛线画，可以更大地提升幼儿对创意美术的兴趣。

绘画前的思考

　　毛线画是以毛线为载体的一种手工艺术，是融"画""剪""贴""压"等技法于一体的综合手工艺术。

　　制作毛线画是一项深受幼儿喜欢的手工活动，同时也是一项手脑并用的益智活动。其教学过程富有游戏性，幼儿可尝试自画、自贴，体验毛线画活动的乐趣。学习毛线画可以培养幼儿动手动脑、节约环保、热爱生活、展开联想等能力，激发幼儿对美的感受。

工具的准备

可以针对不同的画面选择材料。毛线的色彩搭配要得当。

毛线团

胶水

剪刀

橡皮

画纸

铅笔

分班教学思路

根据大、中、小班幼儿年龄段的不同，分别挑选不同的图形，是本次课程的关键。图形的选择要符合幼儿的审美情趣，也要符合幼儿的理解能力。

小班创意图形设计

　　随意摆放毛线团，对小班幼儿来说是比较容易的。

中班创意图形设计

　　极受幼儿喜爱的花朵图形，十分适合中班幼儿学习、创作。

大班创意图形设计

　　创意面具的制作能训练大班幼儿的构图与色彩搭配能力。

毛线画制作技巧

构图

涂胶

粘线

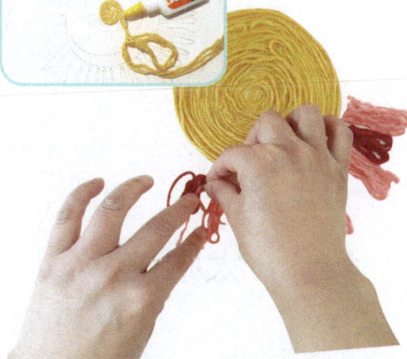

小班 神奇的面线

从各色毛线团中分别剪下一小段，折成面线的样子。

选出色彩艳丽的毛线团。

用铅笔画出面盘的底稿。

将剪下的一小段毛线团揉成面线状，混合在一起。

毛线画的色彩搭配很重要，因此，在选择毛线时，色彩要鲜亮、好看。

完成图 ➡ 这盘蔬菜面线，看上去真可口！

中班 太阳花

用铅笔画底稿时，要注意轻重，既要有痕迹可寻，又不能痕迹过浓，影响画面。

画出太阳花的底稿。

将黄色毛线团盘成花蕊，并粘牢固定好。

用其他色彩的毛线制作花瓣。

毛线画的色彩搭配很重要，因此，在选择毛线时色彩要鲜亮好看。

完成图

阳光下，太阳花开得正艳呢！

大班　**自制工艺面具**

用铅笔画底稿时，一定要注意轻重，既要有痕迹有可寻，又不能痕迹过浓，影响画面。

用铅笔画出面具的底稿，涂上胶水，将绿色毛线沿着一定的方向粘贴。

记得留出眼睛的位置。

用红色毛线制成鼻子，并固定在底稿上画鼻子的位置。

用黄色毛线粘出一只耳朵。

用黄色毛线粘出另一只耳朵。

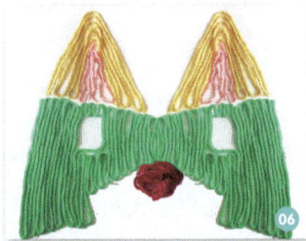

再在耳朵内粘贴上粉色的毛线。

粘贴毛线时，一定要将毛线一根根地排列整齐，尽量不要有空隙，并且要粘牢。

完成图 ➤ 亲手做一个创意面具，戴上它参加化装舞会……

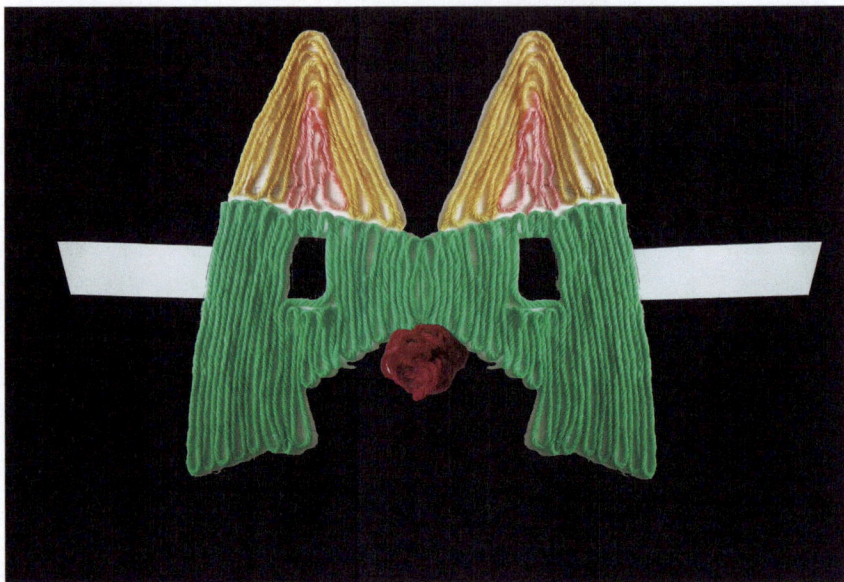

3.19 彩砂画

趣味性十足的彩砂画，可以更大地提升幼儿对创意美术的兴趣。

绘画前的思考

彩砂分为两种：一种是天然彩砂，另一种则是染色彩砂。天然彩砂是纯天然的石材，是大自然打造的。天然彩砂是经过精选、加工而成的，颜色自然，具有无毒、无味、无污染、抗腐蚀、耐酸碱、抗暴晒、不变色等特点，十分环保、美观。

工具的准备

可以针对不同的画面选择材质。对彩砂画来说，彩砂的色彩最重要。

彩砂

红丝带

许愿瓶

卷纸

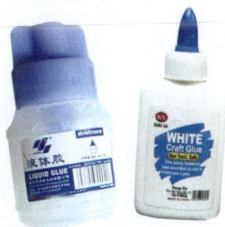

胶水

分班教学思路

　　根据大、中、小班幼儿年龄段的不同，分别挑选不同的图形，是本次课程的关键。图形的选择要符合幼儿的审美情趣，也要符合幼儿的理解能力。

小班创意图形设计

　　往瓶子中装砂很容易，可以安排小班幼儿进行创作。

中班创意图形设计

　　金箍棒在生活中比较常见，中班幼儿创作起来比较容易。

大班创意图形设计

　　清新图案的设计能训练大班幼儿的构图与色彩搭配能力。

彩砂画制作技巧

涂胶

铺砂

完成造型

小班 我的许愿瓶

选一个造型别致的许愿瓶,能达到更好的艺术效果。

将不同颜色的彩砂一层层装入瓶子中。

盖好盖子,系上好看的毛线。

对初次进行彩砂画练习的幼儿来说,处理好彩砂的色彩层次至关重要。

完成图

在温馨的小屋子里,晴雨娃娃微笑着向许愿瓶述说着自己的愿望……

中班 **自制的金箍棒**

在制作金箍棒时，为了让肌理更好看，砂的均匀度及胶水的厚薄一定要控制好。

用胶水在白纸上涂一条长条。

在长条上铺上黄色、红色两种彩砂。

再仔细检查有无漏砂处，若有则补上砂粒。

用双面胶将制好的外皮粘贴在硬筒上。

在将有肌理效果的砂画纸卷成筒状时，一定要注意轻重得当，不能有死角或棱角。

完成图 ➤ 自制的金箍棒做好了。

大班 手工彩杯

制作彩杯时胶水的厚薄很重要，要均匀一致，不要让胶水到处流，影响制作效果。

先将需要的彩砂、白杯子、胶水准备好。

用铅笔在杯子上画好图案。

仔细地将胶水均匀涂在画好的图案上，胶水要涂得比图案宽一点。

沿着画好的图案，将彩砂仔细地铺上去。

为了制作方便，可以边涂胶水边补彩砂。

用不同颜色的彩砂将杯子上的图案一步步完成。

制作一个精美的杯子，对大班幼儿的细致程度要求很高。细心、认真是很关键的。

完成图

一条条彩色折线，把杯子装饰得分外美丽。

3.20 坚果画

趣味性十足的坚果画，可以更大地提升幼儿对创意美术的兴趣。

绘画前的思考

多吃坚果可以美肤、健脑，对身体有很多好处。坚果壳不论从色泽、形状、肌理上都是很好看的，我们可用其制作各式各样的坚果画。

将坚果壳收集起来，通过一定的设计与制作将其变为坚果画，变废为宝，可以激发幼儿探索、实践的欲望，引发幼儿对坚果壳的认知兴趣。

工具的准备

不同的画面选用的工具有所不同。坚果画的色彩搭配很重要。

各类坚果

超轻黏土

胶水

水彩笔

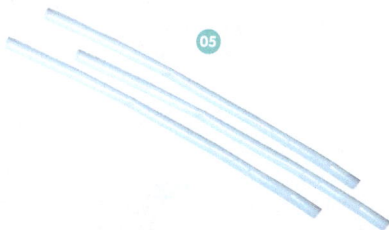

塑料管

分班教学思路

　　根据大、中、小班幼儿年龄段的不同，分别挑选不同的图形，是本次课程的关键。图形的选择要符合幼儿的审美情趣，也要符合幼儿的理解能力。

小班创意图形设计

　　葡萄在生活中很常见，可以安排小班幼儿进行创作。

中班创意图形设计

　　极受幼儿喜爱的小船图形，十分适合中班幼儿创作。

大班创意图形设计

　　鲜花与昆虫的制作能训练大班幼儿的构图、搭配、拼贴技巧。

创意美术案例集

坚果画制作技巧

搓泥

添画

造型固定

 葡萄熟了

用水彩笔画出绿色的藤蔓，起到画龙点睛的作用。

用绿色水彩笔画出藤蔓。

沿着藤蔓摆好坚果壳并粘牢。

对小班幼儿来说，将像葡萄粒的坚果壳摆好造型并粘牢就很不错了。

完成图 ▶

一串熟透的葡萄
挂在眼前。

中班 **各式小船齐聚一堂**

将各色超轻黏土放入坚果壳中，超轻黏土的色彩要与坚果壳搭配。

备好坚果壳和超轻黏土。　　　　制作船帆和船桅。

制作不同颜色的小船。

给填好超轻黏土的坚果壳配上各式各样的帆，需要有很好的配色能力。

完成图

看各式各样的小船等着出海呢!

大班　瓢虫与鲜花

超轻黏土的色彩搭配很重要。

01

在一粒大的坚果壳上盖上橙色的超轻黏土作为花蕊。

02

用同样的方法多做几个花蕊。

03

用开心果的壳沿着花蕊摆出造型，关粘牢固定。

04

用绿色超轻黏土捏出花茎和叶子，并摆好位置。

05

用同样的方法制作几个不同颜色的花朵。

06

再用超轻黏土捏出几只昆虫，搭配花朵摆出造型，完成作品。

这幅看似复杂的坚果画作品，离不开超轻黏土的辅助。由此可见，复杂的作品往往会将多种材料运用在一起。

完成图

花丛中总是离不了昆虫的足迹……

3.21 木棍画

趣味性十足的木棍画，可以更大地提升幼儿对创意美术的兴趣。

绘画前的思考

夏天人们都会吃雪糕，吃雪糕留下的木棍可以用来制作成各种各样的木棍画。

幼儿可以发挥自己的想象力，配合水彩笔、水彩颜料、胶水及小装饰物等，制成实用的书签、可爱的挂画、茂密的树丛、各种房屋建筑等。

工具的准备

可以针对不同的画面选择工具，价格便宜又随处可得的雪糕棍成了首选。

木棍

水彩笔

画笔

各色卡纸

胶水

分班教学思路

　　根据大、中、小班幼儿年龄段的不同，分别挑选不同的图形，是本次课程的关键。图形的选择要符合幼儿的审美情趣，也要符合幼儿的理解能力。

小班创意图形设计

　　用水彩笔在木棍上进行涂鸦，很适合小班幼儿创作。

中班创意图形设计

　　最受幼儿喜爱的薯条，十分适合中班幼儿创作。

大班创意图形设计

　　复杂的自制画框能训练大班幼儿的构图与色彩搭配能力。

木棍画制作技巧

粘贴木棍

画上图案

涂色

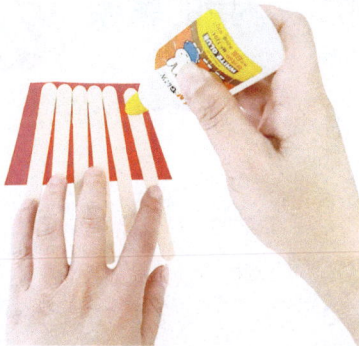

小班 创意签

随意涂鸦时，要注意色彩的选用及图案的精致度。

选好各色水彩笔，在木棍上画出自己想要的图案。

构图是制作木棍画关键的一步。构图要合理、巧妙、新颖。

完成图

各种创意签任你选择！

中班 我的薯条

用彩色卡纸剪出各种形状并粘贴出图案辅助木棍是很重要的。

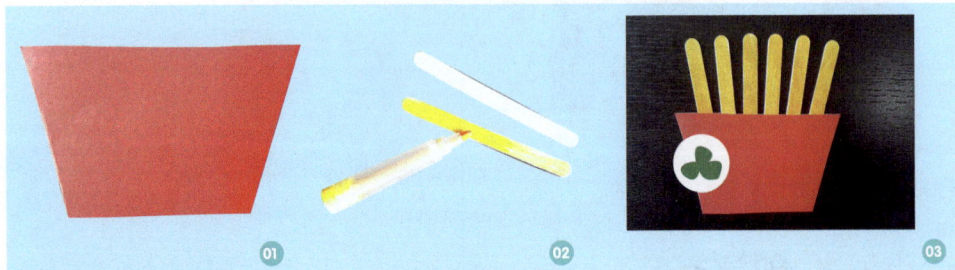

01 将红色卡纸剪成袋子形状。

02 将木棍涂成奶黄色。

03 再用绿色卡纸剪一个三叶草的标志，将这几种部件组合起来。

本作品也是将几种材料合理地组合起来使用，既利用了材料的特性，又启发了幼儿的创作能动性。

完成图

我自创的三叶草品牌的薯条出炉了……

大班　快乐的小鳄鱼

用胶水固定木棍很重要，它决定着整个画面的质量。

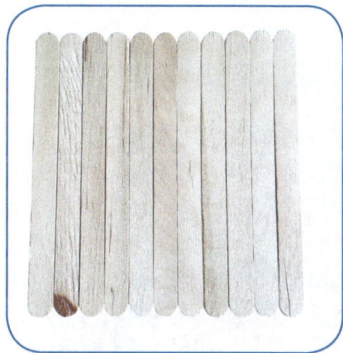

将木棍摆好造型，再用胶水一片片粘牢。

01

在拼好的画面上，用铅笔画出一个可爱的鳄鱼造型。注意痕迹不要太深，以免影响后面的涂色。

02

先涂好大面积的红色，再画出鳄鱼的面部细节。

画出背景的深蓝色色块。

局部再进行细节勾画。

木棍与水彩笔的搭配，组合出了各种好看的装饰画。

完成图

可爱的小鳄鱼
正四处张望……

第4章
幼儿作品欣赏

超轻黏土画　龙布布

吹画　何冠霖

蔬菜画　吴诺

树叶画 焦语纤

树叶画 杨子语

拼贴画 邓冉

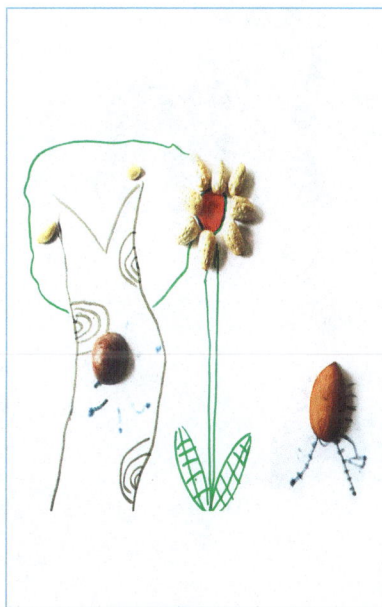
坚果画 何飞

吹画　吴语飞

盒子画　段子路

纽扣画　唐礼蜜

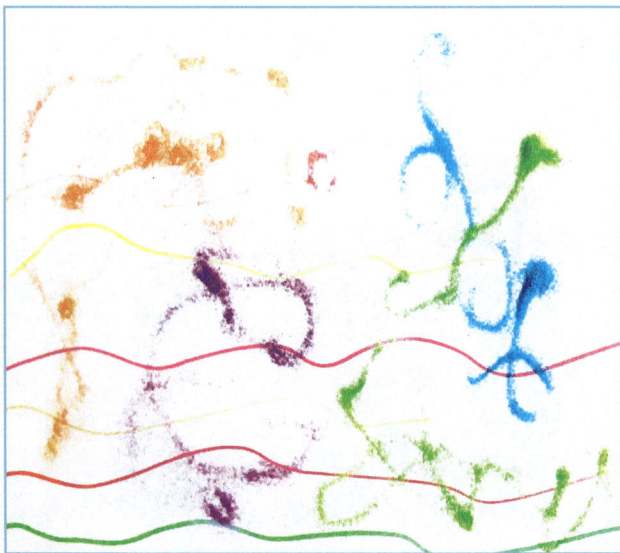

彩砂画　李染